KLA

Buch

Der deutsche »Pferdeflüsterer« Klaus Ferdinand Hempfling hat mit seiner Arbeit und seinen Ausbildungsmethoden die Pferdewelt in Bewegung gebracht. Hempflings Reitlehre führt unter Berücksichtigung der Pferdepsyche durch leicht erlernbare pferdegerechte Kommunikation und Körpersprache zum harmonischen, naturgemäßen Umgang mit den Tieren. Auch auf die Persönlichkeitsschulung der Reiter nach ganzheitlichen Prinzipien legt der Autor dabei großen Wert.

Erstmals beschreibt Klaus Ferdinand Hempfling in diesem Buch, wie er auf der Suche nach den Wurzeln und Kräften eines ganzheitlichen Erlebens im Einklang mit der Natur in den Pferden das Symbol von Würde, Kraft und Freiheit fand.

Autor

Klaus Ferdinand Hempfling war als Diplomingenieur für Kommunikationstechnik lange im Kunstbereich (Malerei, Theater und Tanz) tätig. Dann begann er als Reitlehrer und Pferdetrainer in der Fachwelt Furore zu machen. Seine Veröffentlichungen zum einfühlsamen Umgang mit Pferden machten ihn über die Reiterszene hinaus bekannt.

KLAUS FERDINAND HEMPFLING

Die Botschaft der Pferde

GOLDMANN

Umwelthinweis:
Alle bedruckten Materialien dieses Taschenbuches
sind chlorfrei und umweltschonend.

Der Goldmann Verlag
ist ein Unternehmen der Verlagsgruppe Bertelsmann

Vollständige Taschenbuchausgabe Mai 1998
Wilhelm Goldmann Verlag, München
© 1995 der Originalausgabe
Franckh-Kosmos Verlags-GmbH & Co., Stuttgart
Umschlaggestaltung: Design Team München
Umschlagfoto: Premium / Images
Druck: Elsnerdruck, Berlin
Verlagsnummer: 12782
KF · Herstellung: Sebastian Strohmaier
Made in Germany
ISBN 3-442-12782-3

1 3 5 7 9 10 8 6 4 2

*Nicht die Wahrheit, in deren Besitz irgendein Mensch
ist oder zu sein vermeinet,
sondern die aufrichtige Mühe, die er angewandt hat,
hinter die Wahrheit zu kommen,
macht den Wert des Menschen.*

Gotthold Ephraim Lessing

Zum Geleit

Die schwülwarme Luft hatte sich über uns zusammengezogen. Gemeinsam mit den Tieren warteten wir darauf, sie möge sich endlich mit einem gewaltigen Getöse entladen. Mein Atem war kurz und flach, und der nasse, kalte Schweiß verklebte meine Haut.

Der alte Mönch saß in seinem Lehnstuhl. Ohne seinen Blick von der Leere abzuwenden, in die seine Gedanken verträumt zu versinken schienen, sagte er leise:

»Du willst von mir lernen, das ist gut! Aber du bittest um Erklärungen, Schilderungen und Beschreibungen – das ist nicht gut! Denn was nützt es, viele Worte zu machen?

Was heute für das Normale steht – nur, weil die Masse sich darin eingerichtet hat –, das bewegt sich eben auch in ihren Grenzen – in den Grenzen des Gewöhnlichen. In den Grenzen dessen, wozu eben die Masse sich befähigt fühlt – und jener kleine Geist, der diese Zeit bestimmt.

Was du aber suchst und mit dir immer mehr Menschen – das ist hiervon weit entfernt.

Aber wie denn sollen Worte bis dahin reichen?

Das, was außerhalb jener Grenzen liegt, ist unbekannt, fremd und neu – und das, was es dort zu finden gibt, ist so einzigartig wie jedes einzelne Wesen auf dieser Erde.

Und darum ist es wohl kaum zu fassen mit den Begriffen, die eine eingeengte Welt uns heute läßt.

Das Unbekannte aber ist oft beängstigend. Sich dorthin vorzuwagen, braucht es Mut und Kraft und einen wachen Geist.

Die erste Grenze, die du überwinden mußt, ist jene, die die Angst vor diesem Unbekannten markiert. Die Wahrheit, nach der du suchst, kennt nicht das eine und nicht das andere – in ihr lösen sich alle Grenzen auf. Und darum ist sie so anders als diese Welt, in der wir heute leben.«

So ruhig und gleichmäßig wie seine Worte war auch sein Atem, und es kam mir vor, als heftete sich der Blick des Alten an etwas, das für mich im Unsichtbaren verborgen blieb. Nach einer langen Pause fuhr er fort:

»Und woran erkennst du die Wahrheit? Sie ist nichts anderem gewidmet als dem Leben selbst! Und darum macht sie stark und gefährlich – denn wo der Tag ist, kann die Nacht nicht sein.

Sie bringt dich zu dir selbst und zu den Ursprüngen alles Natürlichen – und da sie dich zu deiner Einzigartigkeit führt, macht sie dich unabhängig. Und da sie dich unabhängig macht, vertreibt sie auch alles Trennende, alles auf dich Bezogene – vertreibt sie die dunklen Früchte deiner Angst. Aber wie fängst du es an, die Wahrheit zu suchen? Indem du beginnst, deinen kleinen Raum, den man dir gesteckt hat, das Gewohnte eben, zu verlassen. Indem du mehr und mehr erkennst, daß nur das wirklich ist, was du mit deinem ganzen Sein lebst, fühlst und beseelst.«

Ernst und bedächtig wandte er sich mir zu.

»Das alles können meine Worte dir nicht beschreiben – jene alle Grenzen überschreitenden Bilder, in denen die Alten dachten, fühlten und sich offenbarten.

Meine Worte können versuchen, sie zu umschreiben – aber das, was wirklich des Mitteilens wert wäre, diese Botschaft bleibt dennoch tief verborgen.«

»Und wo ist sie verborgen? Wo kann ich sie finden?« fragte ich hastig und ungeduldig.

»Wo du sie findest?«

Er wandte seinen Blick ab und schaute wieder auf das, was ich nicht zu erkennen vermochte. Dann sagte er leise:

»Alles, was wir sehen, ist miteinander verbunden, und ist es auch noch so weit voneinander entfernt.«

»Und was hat das mit jener Botschaft zu tun, von der wir sprechen?«

»Nun, du fragtest mich, wo du sie findest. Da eben findest du sie! Du findest sie in jener Welt, die viele Menschen heute leichtfertig das ›Nichts‹ nennen.«

Nach einer Weile stand ich langsam auf und ging, denn der Alte saß jetzt regungslos und schwieg.

1
Die Botschaft der Schweigsamen

1

Es ist früher Abend, und die Gedanken formen sich in mir, ohne einem bestimmten Weg zu folgen. Ist es nicht so auf dieser Welt, daß jenes, das von wahrem Erleben erfüllt ist – von Glück, wie man auch sagt – sich eindeckt, auf daß es nicht leichtfertig hervorsticht aus all dem anderen? Und darum ist es für viele wohl kaum zu hören und zu sehen. Ganz leise kommt es daher – bescheiden, unerkannt und gut versteckt. Es fällt nicht weiter auf in jenem lauten Jammer, der immer nur sich selber meint und trifft. Es ist so leise wie das Atmen meines Pferdes unter mir. Und ebenso rein und meist auch von so kurzem Erscheinen wie jener zarte Hauch.

Weiß ist mein Pferd, mit schwarzer Mähne – und ich sehe schon die Jahre kommen, da sich auch die Mähne des jungen Hengstes immer heller färbt. Die Zeit, die Welt, das Leben und der Tod mögen ihren Schrecken wohl verloren haben. Was soll mich darum trennen von diesem Erleben? Nein, ich reite nicht auf diesem Pferd, ich erlebe die Welt mit ihm.

Die Welt nicht, wie ich sie sehen will.
Die Welt nicht, wie ich sie sehen soll.
Die Welt, womöglich, wie sie wirklich ist?

Hier lebe ich –

da, wo das warme, ja feurige Rot der Steine, die schroffen Abrisse und Vorsprünge der Felsen, der karge Bewuchs, die bizarren Rillen des ausgetrockneten Bodens – wo alles, jeder Zierde beraubt, erst in der Zeit des beginnenden Winters seine wirkliche Ausformung zu finden scheint.

Das Gelb des Sandes, jetzt erstrahlt es unter der tief

am Horizont stehenden Herbstsonne, jetzt tritt es hervor, goldfarben und glitzernd, als wolle es sich präsentieren wie im gleißenden Licht eines Scheinwerfers. Das eisenhaltige Gestein – abgesplittert und wie zersprengt – offenbart eine Kraft, die man leibhaftig spürt und mit jedem Atemzug in sich hineinsaugt.

Hier lebe ich –
im »Dorf der Raben«, wo in der Ferne am Horizont die Felsen wie gigantische Monolithen in den Himmel ragen, als würden sie angezogen von den höchsten Höhen, als wollten sie alles ansaugen von den himmlischen Mächten und Kräften. Und dazwischen ruhen sie, behäbig und wie geisterhaft umwoben von dem Zauber der Jahrhunderte: die verfallenen Reste alter Mauern, Burgen und Schlösser. Sie liegen wie all die anderen Spuren vergangener Zeiten über das ganze Land verstreut – wie kurze, bruchstückartige Zitate wunderschöner Märchen. Und noch heute künden sie auch von Mächtigkeit, von Lebendigkeit, Würde und Schönheit.

Ich empfinde es als großes Glück, hier leben zu dürfen, in dem Land, das sich heute Katalonien nennt und dessen Sprache und Kultur sich über das Bergmassiv der Pyrenäen und über die Landesgrenze Spaniens hinaus bis in den südlichen Teil Frankreichs ausdehnen.

An Abenden wie diesen verweile ich oft lange gemeinsam mit meinem Pferd auf dem kleinen Platz vor dem alten Haus, um in dieser Stille Anteil nehmen zu können an der unbeschreiblichen Schönheit dieses Teils der Welt. Auch mein Pferd scheint die Kraft, die solchen Augenblicken innewohnt, zu verspüren, und es verharrt in aufmerksamer, wacher Ruhe. Und wie ich meinen Blick schweifen lasse, um doch immer wieder

Neues zu entdecken, da fühle ich mit der Natur, wie sie sich langsam erholt von der erdrückenden Kraft eines langen heißen Sommers. Und ich habe den Eindruck, als wolle sie erblühen, wenn sie nur könnte. Und das wenige helle Grün hier und dort kündet schon jetzt von der kommenden saftigen Zeit – von der kurzen Zeit des Frühlings. Bis dann wieder die Glut der Sonne beinahe alles Lebendige verscheucht.

So leben wir hier im Winter mit der Sonne, mit ihrer milden, behutsamen Wärme, freunden uns mit ihr an – die Menschen und die Tiere. Die Nächte aber sind kalt, und es zieht uns zu den Feuerstellen, die in dieser Zeit ohne Unterbrechung gehütet werden. Und wenn sich dann die kalten Lüfte sammeln – dort unten im Tal – und des Nachts hinaufgeweht werden, dann lehnen sich die Pferde ganz dicht an die klobigen Steine der alten Mauern.

»Komm, du mußt kommen – schnell – der kleine Hengst, sie haben ihn in den Stierfänger getrieben! Er blutet überall. Jetzt kann er nicht mehr raus. Du mußt sofort kommen!«

Fernando, der kleine, dickliche Sohn vom Nachbarhof, war, so schnell er konnte, den steilen Hang heraufgeklettert, um mit der wenigen Luft, die ihm noch blieb, diese Worte gegen die Rückwand meines Hauses zu schleudern. Er kann mich nicht sehen, ahnt aber, daß ich um diese Zeit mit einem meiner Hengste hinter der halb verfallenen Mauer arbeiten würde.

Jetzt steckt er seinen feuerroten, rundlichen Kopf durch ein großes Loch in der Mauer, und noch ehe ich ein paar beruhigende Worte finden kann, sprudelt alles ein zweites Mal aus ihm heraus.

So habe ich diesen Jungen, den ich eher als etwas behäbig kenne, noch nicht erlebt. Ich entschließe mich, erst einmal keine weiteren Fragen zu stellen. Die Sache scheint wirklich eilig zu sein.

»Tranquilo – Fernando, tranquilo – ya me voy!« Ich führe mein Pferd in seine Box: »Geh schon zum Jeep – ich komme sofort.«

Wir fahren den trockenen, staubigen Weg hinunter – die Sonne steht schon tief –, und obwohl wir mehr als 100 Kilometer vom Meer entfernt in den Bergen wohnen, habe ich an einem solchen Abend immer das Gefühl, es rieche ein wenig nach Fisch. Ist aber erst die Sonne ganz untergegangen, wechselt der Geruch, und es duftet dann kräftig nach jenen kleinen Kiefern, die der Vegetation hier oben ihre ganz eigene Charakteristik verleihen.

Vor uns liegt das alte Haus – davor das weitläufige, staubige Plateau – links von uns geht es steil hinab. Die alten Pfade, die hinunterführen ins Tal, werden abgestützt von jenen kleinen, halb verfallenen Mauern, die wohl das ganze Land durchziehen.

»Da vorne sind sie – jetzt wissen sie nicht mehr, was sie machen sollen, diese Esel!« Fernando fuchtelt mit seinen kurzen Armen im Auto umher und deutet auf die kleine Gruppe von Männern vor uns.

»Fernando – beruhig' dich – laß uns erst einmal schauen, was passiert ist.«

Wir kommen dichter an die Gruppe heran, und die Männer treten etwas zur Seite. Der Junge stürzt hinaus und will auf den eisernen Käfig zurennen, aber im letzten Augenblick hält Antonio ihn zurück:

»Bleib hier Fernando, hörst du?«

Jetzt ist der Blick frei, und ich erkenne das ganze Malheur: Sie haben Pinto, einen kleinen, feurigen Junghengst, in den Stierfänger getrieben, einen engen Käfig aus Stahl. Er ist gerade so groß, daß eine Kuh, ein Stier oder ein kleines Pferd darin Platz findet, ohne sich auch nur im mindesten darin bewegen zu können. Eine ganze Herde Tiere wird wie durch einen Gang durch diesen Stierfänger getrieben. Ist das ausgewählte Tier in der richtigen Position, werden das vordere und hintere Tor verschlossen. Von da an ist jeder Widerstand unmöglich.

Offensichtlich aber nicht so bei diesem Hengst. Er war in Panik geraten und hatte derart in seinem Gefängnis getobt, daß sie ihm auch noch eine Sereta aufgezogen hatten, jenes Marterinstrument mit einer gemeingefährlich gezackten Stahleinlage, die mit ihren scharfen Spitzen auf die extrem empfindliche Haut über den Nüstern drückt. Der grobe Strick, den sie an die Sereta geknotet hatten, hatte sich nun in den Vorderbeinen des Hengstes verfangen. Und er hatte sich, zu allem Übel, derart verkantet in dem kleinen Gefängnis, daß er nicht vor und nicht zurück konnte. Wollte man ihn berühren, um ihm zu helfen, geriet er in eine solche Panik, daß sich die Lage zusehends verschlimmerte. José, Fernandos Bruder, hatte bereits die Tore geöffnet und versuchte immer wieder, an das Tier heranzukommen, um es zu befreien.

»Este caballo, es malo, malo, malo!« »Es ist schlecht, schlecht, schlecht, dieses Pferd!«

Antonio, der Verwalter, ist auf mich zugekommen. Ich beiße die Zähne zusammen und atme einige Male tief durch. Freundlich begrüße ich ihn.

»Ihr habt Probleme? Was ist passiert?«

Antonio antwortet mir, aber ich höre nicht zu.

Langsam trete ich an den Käfig. Die Sereta hat bereits die Haut durchtrennt – die Nüstern sind ein einziger blutiger Klumpen. Das Blut kocht mir in den Adern. Ich verharre einen Augenblick. Antonio schaut mich fragend an. Nach einigen tiefen Atemzügen schließlich gehe ich zu José:

»Gib mir dein Messer! Schlag mit der Stange von hinten gegen den Käfig!«

Er schaut hinüber zu seinem Vater. Antonio steht unbewegt – dann nickt er stumm. Und so tut der Junge, wie ich ihm gesagt habe. Der Hengst erschrickt, reißt den Kopf nach oben und zur Seite. Ich kann jetzt an den Strick herankommen und ihn durchtrennen. Der Kopf des Pferdes schnellt wieder nach oben – das linke Vorderbein knickt ein – jetzt liegt das Tier beinahe auf der Seite. Das rechte Hinterbein ist zwischen die Gitterstäbe gerutscht. Die Zuckungen des Hengstes verschlimmern seine Lage jedesmal. Ich bitte die Männer, weiter von dem Käfig zurückzutreten.

Ich schaue in den Abendhimmel, in die untergehende Sonne. Ich spüre die Ruhe und die Entspanntheit meines Körpers und ich fühle, wie das, was getrennt scheint, langsam ineinander verschmilzt. Und so beruhige ich schließlich den Hengst.

»Ruhig – ruhig, Pferd – ganz ruhig.« Es muß mir gelingen, an ihn heranzukommen, ohne eine neue Panikreaktion auszulösen.

»José, bitte gib mir einen Strick.«

Antonio und die Männer haben Vertrauen zu mir, sie lassen mich gewähren.

Ich nehme das Geschehen wahr, wie ein Beobachter aus großer Entfernung. Jetzt scheint es mir, als verändere sich der Geruch. Die Winde kommen aus südwestlicher Richtung. Sie sind noch angenehm warm und wehen kaum merklich über die Hänge zu uns herauf. Sie führen die kräftigen Gerüche der Kräuter mit sich, die die Hänge des Südwestens wie mit einem dicken Teppich bekleiden.

Ich atme ruhig und langsam und freue mich über diesen milden, schönen Abend. Ich fühle die Sonne auf der linken Seite meines Gesichts – sanft kräuselt der Wind mein Haar. Noch einmal atme ich tief ein und genieße die weiche, milde Luft. Dann berühren die Fingerspitzen meiner linken Hand den schweißnassen Hals des Pferdes. Seine Augen sind jetzt halb geschlossen, es ist ganz ruhig. In meiner Sprache, so daß niemand außer dem Pferd hier mich verstehen kann, beschreibe ich dem Tier die Schönheit dieses Abends.

Einen Augenblick überlege ich, ob ich ihm zuerst die schmerzende Sereta entfernen soll. Nein, erst einmal muß er aus diesem Käfig befreit werden – dann wird man weitersehen.

Ich führe den Strick um das angewinkelte Vorderbein und um den Hals herum und erkläre ihm dabei, daß es jetzt darauf ankommt, mit einem Ruck aufzustehen. Die Enden des Stricks lege ich über die oberste Stange des Stierfängers. Ich bitte Antonio und drei weitere Männer, die Enden festzuhalten, um dann auf mein Kommando hin mit aller Kraft zu ziehen. Langsam gehe ich auf die andere Seite des Stahlkäfigs. Vorsichtig lege ich einen zweiten Strick um das Fesselgelenk des eingeklemmten Hinterbeins.

Ich schaue über den schweißnassen, dampfenden Pferdekörper über das Tal hinweg in den dunkelroten Horizont hinein. Ich fühle, wie sich meine Hand auf die

Kruppe des Pferdes legt, der kleine Hengst atmet jetzt sehr ruhig. Er schnaubt einmal vorsichtig ab durch all das Blut, das seine Nüstern verklebt.

Es sind erst wenige Minuten vergangen, seit wir uns hier begegnet sind – und doch ist sie da, jene besondere Verbindung, ist es geknüpft, das geheimnisvolle Band. Das ist es wohl, was sich nicht erklären, was sich nicht beschreiben läßt. Es ist jenes seltsame Erleben, das nur aus sich selbst herauszuwachsen scheint – ein Pulsieren, ein Schwingen, ein wachsames, bewußtes Wahrnehmen. Ein Fühlen, das spürbar wird in winzigen Augenblicken, das einen ganz und gar erfüllt, ohne daß man es aber weiter bemerkt. Es ist da und wird zu dem Wichtigsten überhaupt, und doch scheint man es nicht zu bemerken – wäre da nicht das Pferd, das ganz ruhig und gelassen ist, sich nicht mehr wehrt, nur wartet, sich hingibt und vertraut.

»Tira! Tira! Tira!«

»Zieh! Zieh! Zieh!« schreie ich den Männern zu und im selben Augenblick ziehe ich, so kräftig ich kann, an meinem Strick, um das eingeklemmte Hinterbein zu befreien. Mit einem Riesengetöse kracht der Kopf des Pferdes gegen die Eisenstangen – es bäumt sich auf, sein linkes Vorderbein hängt in der Luft, wieder kracht der Kopf gegen das Gestänge! Noch einmal, Junge, denke ich, noch einmal, diesmal aber richtig, komm, Junge, noch einmal!

»Wenn er sich wieder aufbäumt, dann zieht, so kräftig ihr könnt!«

Langsam verstärke ich den Druck an meinem Strick.

»Jetzt!«

Wieder schleudert das verzweifelte Tier seinen Kopf gegen die Eisenstangen, dann falle ich nach hinten, stoße mit dem Kopf gegen einen Pfosten. Ich höre, wie immer wieder die Hufe gegen die Eisenstangen schlagen, ich richte mich auf – und sehe den Hengst davongaloppieren. Antonio ist inzwischen zu mir herübergelaufen und fragt, ob alles in Ordnung sei.

»Danke, danke, es ist nichts passiert.«

»Este caballo, es malo, malo, malo«, sagt Antonio und schüttelt dabei seinen runden Kopf.

»Nein«, sage ich, »ihr seid schlecht, nicht das Pferd.« Aber ich sage es so leise, daß niemand es verstehen kann.

2

Ich glaube, es waren vor allem die Pferde, von denen ich lernen sollte, was es heißt, zu handeln im ursprünglichsten Sinne eines Augenblicks. In sich ruhend, scheinen sie die Zeit zu erleben wie einen durchsichtigen Körper, in dem sie sich getrost bewegen können. Sich auf dieses Erleben voll und ganz einlassend, verschmilzt ihr eigenes Dasein mit all dem anderen, das sich ihnen als Realität zu erkennen gibt. Und alles das zusammen folgt jenem großen Strom alles Lebendigen, dem sie sich vertrauensvoll hingeben. Und so verlieren die Unterscheidungen ihren Sinn. Und man erlebt sich selbst als derjenige, der beobachtet, der wachsam ist und in allem nur das Lebendige sucht und schließlich nicht mehr zwischen Glück und Unglück zu unterscheiden weiß, sondern nur noch zwischen Leben und Nichtleben.

Der Hengst steht jetzt ruhig in einer Ecke der Umzäunung. Noch immer liegt die Sereta tief auf den Nüstern.

Sie bereitet ihm bei jedem Atemzug große Schmerzen, und zu alledem tritt das Pferd immer wieder auf den Strick, wenn es den Kopf etwas zu Boden senkt.

Antonio erzählt mir, daß dieser Hengst der schlimmste sei, den er jemals besessen hätte. Er würde nichts und niemanden an sich heranlassen – nur schlagen und beißen würde er, und so habe man sich nicht anders zu helfen gewußt, als es mit dem Stierfänger zu versuchen.

Ich habe schon mit vielen Pferden gearbeitet, die wesentlich gefährlicher und schwieriger waren. Dieser Hengst aber ist verletzt. Die Panik in den Augen und der nicht enden wollende Schmerz bestimmen jetzt seine Reaktionen, nicht mehr sein natürliches Verhalten. Also geht es erst einmal darum, den Schmerz zu beseitigen – die Mauer zu entfernen, die jedes Aufeinanderzugehen von vornherein unmöglich macht.

José, Fernando und die Männer stehen hinter der Umzäunung.

»Cuidado, Klaus, cuidado – es malo, este caballo«, höre ich Antonio sagen. Er ist ein verdammt guter Kerl, warum muß er ausgerechnet so etwas tun?

Die Dämmerung ist hereingebrochen. Es ist ein klarer Abend, und die Kälte des Mondlichtes hat noch nicht ganz über jenen roten Glanz siegen können, der dem Geschehen hier etwas Unwirkliches verleiht.

José bringt mir einen langen Strick. Vorsichtig dirigiere ich den Hengst in eine Ecke hinein. Er scheint zu verstehen, um was es mir geht – bei all seinem Schmerz habe ich das Gefühl, daß er mich versteht. Jetzt muß ich ganz anders vorgehen, als ich es sonst immer tue. Ich gehe immer dichter auf seine Kruppe zu und gebe dem Pferd durch ganz kleine Signale zu verstehen, sich mir mit seinem Kopf zuzuwenden. Durch kaum wahrnehmbare Gesten versuche ich jenes Spannungsfeld aufzubauen, aus dem heraus das Pferd schließlich dazu gebracht werden kann, sich mir gegenüber zu verhalten wie einem vertrauten, ranghohen Pferd.

Einer solchen Situation geht sonst immer das Spiel, der »Tanz des gegenseitigen Kennenlernens«, voraus. Das ist ein Sich-Darstellen, ein Sich-zu-Erkennengeben auf größere Distanz. Eine solche Zeremonie dauert nur wenige Minuten, doch wird durch sie ein tiefes, freundschaftliches Verhältnis begründet und vor allem die Rangordnung über feinste Körpersignale eindeutig geklärt. Das Pferd kann sich mir dann vertrauensvoll und ohne jede Furcht zuwenden, mich akzeptieren, wissend, daß es selbst vollkommen akzeptiert wird.

Jetzt aber stehe ich vor einem verletzten, gedemütigten, durch und durch zornigen Wesen. Den Strick in meiner Hand habe ich zu einer großen Schlaufe zusammengelegt – den Moment abwartend, ihn um den Hals des Hengstes werfen zu können. Das Pferd dreht mir jetzt seinen Kopf zu – ich fühle mich sicher. Langsam erhebe ich die linke Hand, um den Strick mit einem Schwung über den Kopf zu werfen. Doch im selben Augenblick weiß ich, daß ich mich zu weit vorgewagt habe.

Die Zeit friert ein – das Geschehen wird zu einer zähen Masse, zu einem Vorgang, den man erkennen, aber dem man nicht mehr entfliehen kann. Und die Erfahrung ist es, die den Körper tun läßt, was ihm und seiner Natur gemäß ist – weil ich weiß, daß ich nur so das Allerschlimmste verhindern kann. Und noch ehe die Dinge geschehen sind, ist man bemüht zu ergründen, was für einen Sinn sie wohl haben mögen.

Der Hengst bäumt sich auf, wendet seinen Kopf nach hinten – ich muß mit meinem Arm weit ausholen, um im letzten Augenblick den Strick über den Kopf des Pferdes zu streifen. Sicher hätte ich einen anderen Weg wählen können, dies zu tun. Mit dem letzten Schwung, der mir bleibt, drehe ich meine Hüfte zur Seite: das linke Hinterbein des Hengstes schlägt hart auf meinen rechten Beckenkamm.

Ein feuriger Schmerz durchzuckt meinen ganzen Körper. Ich sehe die Schatten der Männer, wie sie auf mich zueilen – ich rufe ihnen zu, draußen zu bleiben ... Mit aller Kraft ramme ich mein linkes Bein in den Boden. Das Seil strafft sich, der Hengst wird mit einem Ruck herumgeworfen.

Er schaut mich an – und so, als sehe ich seine Augen zum ersten Mal, erkenne ich die große Trauer, die tief in ihnen verborgen liegt.

3

Es sind die ängstlichen Pferde, die ich oftmals ganz besonders mag – wohl, weil ich in meinem Leben den Weg des Ängstlichen gegangen bin? Ich mag die Empfindlichen, die Zerbrechlichen unter den Pferden – wohl, weil ich in meinem Leben den Weg des Empfindsamen, Betroffenen gegangen bin? Aber sind es nicht ganz besonders die Ängstlichen, die sich schließlich zu überwinden trauen? Sind es nicht die Empfindsamen, die sich schließlich selbst vergessen können? Waren es nicht immer die Verzagten, die Gepreßten, die Gequälten, die sich aufgeworfen haben?

Nicht nur das also haben wir jetzt gemeinsam – sondern auch noch den Schmerz.

Ich versuche mich zu entspannen, atme tief durch. Von der Aufregung der Männer dringt nur wenig zu mir herüber. Ich weiß nicht, warum mir in einer solchen Situation niemals der Gedanke kommt aufzuhören, aufzugeben. Womöglich ist es eben jener Strom des Lebens, der alles mit sich reißt, und ich kenne ihn zu gut, als daß ich es wagen würde, mich gegen ihn aufzulehnen.

Nun nehmen die Dinge ihren Lauf, fügen sich in das Geschehen ein, in den Gang alles Natürlichen: Das Pferd nimmt mich wahr mit all seiner Aufmerksamkeit. Beide unterdrücken wir unseren Schmerz, um das zu Ende zu bringen, was das Schicksal uns eingefädelt hat. Unmerklich und wie einem alten Ritual folgend, bewegt sich mein Oberkörper. Die rechte Hand, die den Strick hält, bestimmt ganz fein das Maß und die Richtung. Ich muß sehr konzentriert sein, denn jetzt muß es schon beim ersten Anlauf gelingen. Mein Bein schmerzt zu sehr, als daß ich dem Pferd folgen oder ihm ausweichen könnte.

»Tranquilo, por favor«, rufe ich den Männern zu, die noch nicht erkannt haben, daß jetzt überhaupt keine Gefahr mehr für mich besteht – die Beziehung ist bereits geknüpft. Lediglich der Augenblick ist jetzt entscheidend, in dem ich das Pferd einladen kann, zu mir zu kommen, mir zu folgen, sich mir ganz und gar anzuvertrauen. Das Pferd wendet sich nach links zu den Männern. Schnell lege ich mein Gewicht auf das linke Bein, fahre mit der rechten Hand in dieselbe Richtung – der Hengst wirft den Kopf zurück und schaut mich an. Vorsichtig gehe ich einen Schritt zurück, nehme den Blick von seinen Augen und bedeute ihm in seiner Sprache, zu mir zu kommen, mir zu folgen. Er schnaubt vorsichtig ab – und kommt ruhig zu mir herüber. Wie von einer unsichtbaren Kraft angezogen, folgt er mit leicht nach unten gesenktem Kopf meiner Hand und meinen wenigen, holprigen Schritten.

Der Schmerz reißt mich immer wieder aus meiner Konzentration. Nun aber muß ich die Minuten verstreichen lassen, die nötig sind, dem Pferd den letzten Rest seines Mißtrauens mir gegenüber zu nehmen, und um ihm ganz deutlich zu machen, daß es die ranghöchste Position ist, die ich einzunehmen trachte.

Schließlich steht der Hengst mit leicht gesenktem Kopf dicht vor meiner Brust. Vorsichtig versuche ich die Sereta zu öffnen – noch einmal schießt sein Kopf zur Seite – jetzt aber ist das Geschehen zu weit fortgeschritten. Ohne jede Spur eines Angriffs macht der Hengst einen Satz nach hinten, um sich dann gleich wieder mir zuzuwenden. Vorsichtig löse ich das blutverklebte Eisen von seinem Kopf und lege ihm das Halfter auf, das José mir inzwischen gebracht hatte.

Niemand von den Männern sprach ein Wort. Einige von ihnen wollen jetzt zu mir kommen. Antonio aber, der Gute, hält sie zurück. Ich weiß, wie leid ihm die ganze Angelegenheit tut. Schweigend nimmt er den Hengst und führt ihn in seine Box. Ich werfe Fernando einen kurzen Blick zu und verabschiede mich von den Männern. Ob sie mir noch irgendwie helfen können, fragen sie mich.

»Nein – vielen Dank – es ist wirklich halb so schlimm.«

Vorsichtig hebe ich mein rechtes Bein über den Fahrersitz des Jeeps und starte den Motor. Von ferne winkt mir Antonio zu und ruft:
»Er ist wirklich ganz ruhig – er ist wirklich ganz ruhig!«
»Ich komme in den nächsten Tagen – hasta pronto!«
Fernando ist inzwischen herangeeilt, ich drehe die Scheibe herunter – er steckt seinen noch immer roten, kugelrunden Kopf durch den Spalt:
»Gracias!«
»De nada – hombre!« sage ich und versuche ein wenig zu lächeln.
Ich fahre den staubigen Weg hinauf bis zu der kleinen Gabelung, dann ein kleines Stückchen nach links, um anzuhalten. Vorsichtig winkle ich mein Bein etwas an. Ich sauge die milde Abendluft tief ein, schaue nach links und folge dem Verlauf einer schmalen Steinmauer, die meinen Blick durch die Dämmerung hindurch in die Unendlichkeit führt. Die Verwirrung über das, was geschehen ist, dringt erst jetzt ganz langsam in mein Bewußtsein.
Seit langer Zeit ist es das erste Mal, daß mich ein Pferd verletzt hat, aber noch erkenne ich nicht den Sinn, der dahinter verborgen liegen mag.

4

Nach einer peinvollen Nacht bin ich Emilio keine große Hilfe bei der morgendlichen Stallarbeit. Meine Hüfte schmerzt noch immer stark – die Schwellung reicht beinahe hinunter bis zum Knie.

Schnell sind an diesem sonnigen Herbstmorgen einige Sachen in den Jeep geladen. Heute muß ich hinunterfahren – dorthin, wo das Land flach ist und weit und wo es auch des Tags nach Fisch riecht. Wo sich das Meer herantraut an die Grenzen jener Stadt, in der sich wohl vier oder fünf Millionen Menschen drängen.

Ich fahre durch unser kleines Dorf. Eine langgezogene Reihe zum Teil verfallener Häuser ist direkt an den Berg gelehnt. Von morgens bis spät in den Abend hinein liegt sie in dem weichen Licht der tiefstehenden Sonne. Als sei ich das einzig Bewegte in einer zum Bild erstarrten Wirklichkeit, fahre ich an einem alten Mann vorbei. Mit seiner blauen Jacke und seiner dunklen Mütze lehnt er reglos an einem Mauervorsprung.

Die Straßen werden breiter. Nein, ich mag sie nicht, die Städte – und doch, diese hier haben etwas, das mich immer wieder reizt. Auch in den kälteren Jahreszeiten spielt sich das Leben in den Straßen ab – Autos, stinkende Busse, knatternde Vehikel und Menschen, die das alles gar nicht zu bemerken scheinen. Die Kinder spielen, die Alten sitzen auf den Bänken, andere stehen in Gruppen zusammen, Gemüsekisten von Händlern auf den Trottoirs: Es ist eng, und doch scheint Platz zu sein für den kleinen Rest von Menschlichkeit, den ich in den Städten meines Landes oftmals nicht mehr finde.

Seit langem bin ich nicht mehr hier gewesen, und trotz meiner Schmerzen humpele ich gedankenversunken zwischen den Platanen auf den breiten Gehstreifen zwischen den Fahrspuren: Unzählige Cafés, Bars, kleine Restaurants, blitzende Chromstühle und ebenso viele Tauben wie Menschen. Eine Frau lehnt an einer alten Laterne und schreibt etwas auf eine Karte. Andere warten vor den Telefonzellen. Und immer wieder Tauben, die sich mit größter Geschicklichkeit ihren Weg suchen. Sie künden von einem Rest Natur, den sie selbst wohl schon längst verlassen haben. Und aus den kleinen Gassen fällt das Licht – warm und rot – beinahe so, wie ich es kenne aus den Bergen.

Vor der dumpfen, drückenden Hitze des Nachmittags suche ich Schutz im Schatten eines kleinen Cafes. Ein Bettler ist an den Nachbartisch herangetreten und bittet zwei Mädchen um eine Zigarette. Sie geben ihm mit einem freundlichen Lächeln eine halbe Packung. Seine Augen blitzen auf – ganz ohne Furcht. Unter seinem linken Arm trägt er einen Pappkarton mit billigem Wein. Sie unterhalten sich, bis dann der Kellner kommt, um ihn fortzuschicken. Ich betrachte das Treiben um mich herum und bemerke eine seltsame Unruhe in mir. Ich denke an meine Berge und an den kleinen Hengst von gestern.

Wieviel urtümliches, ungebändigtes, unverfälschtes und noch immer ungebrochenes Leben steckt in diesem Pferd. Ja – er lebt, der kleine Hengst, bei allem, er lebt! Und ich sehe sie treiben, die Menschen hier. Und immer wieder sehe ich wunderschöne Gesichter in den Massen dieser Stadt. Was bloß bewegt diese Menschen? Und vor allem – ja, das frage ich – was, bei aller Hektik, bewegen sie? Welche Vision ist es, die sie treibt? Welch große Tat ist es, die sie lockt? Welch leuchtende Hoffnung ist es, die sie zieht? Welches Abenteuer ist es, das sie reizt?

Welcher Lohn ist es, der sie erwartet?

Was nicht alles hier ist in Bewegung – doch darunter, was bewegt sich da? In jenen Schichten, die ein wenig tiefer liegen?

Ein Junge hat sich jetzt neben mich auf den steinernen Trog einer Palme gesetzt, um seinen kleinen Hund zu füttern.

Ich denke zurück, denke an die vergangenen Jahre und an die Wesen, die seither meine Begleiter sind. Jene ganz andere wirklich glitzernde, sich wirklich bewegende Welt – sie liegt so dicht an dieser, und doch scheint diese hier zu existieren, ohne die andere nur im mindesten zu bemerken. Jetzt, in diesem Augenblick, spüre ich den Kontrast wie selten. Das Treiben um mich herum, die verspielten Schatten der kahlen Platanen, die die tiefe Sonne auf die rauhe Wand des Cafés zaubert, der gleichbleibende, lähmende Schmerz meiner Hüfte und die Erinnerung an den kleinen, verzweifelt um sein Leben kämpfenden Hengst, das alles läßt einen ganz eigenen Gedanken in mir keimen – noch unscheinbar und ohne jede erkennbare Form. Aber ich fühle die Kraft und die Freude, die er schon jetzt in sich trägt.

Könnte es jemals gelingen zu beschreiben, wie es wohl ist, die Welt mit den Augen eines Pferdes zu sehen, mit den Ohren eines Pferdes zu hören? Wie es wohl ist, mit seinen Sinnen einen Hauch dessen zu erheischen, was ich wirklich Leben, was ich wirklich Kraft, was ich wirklich Fühlen nennen würde? Was es heißt, wirklich bewegt zu sein, fern ab von jedem künstlich aufgesetzten Treiben? Könnte es jemals gelingen zu beschreiben, wie ich es empfinde, wenn mir auf unbeschreibliche und immer wieder ergreifende Weise die unverfälschte

Reinheit der Natur und die feinen Zeichen jener anderen Welt bis auf meine Haut vordringen, und tiefer noch – bis an die Pforten meiner Seele?

Manche halten das, was da geschieht zwischen mir und den Pferden für Scharlatanerie, Hypnose oder Zauberei. Aber ist das, was ich tue, nicht eine der ursprünglichsten und einfachsten Formen lebendigen Seins überhaupt? Ein Sein, in dem die faszinierende, urtümliche Verwandtschaft alles Lebendigen wirklich fühlbar und begreifbar wird?

Ich verharre noch eine Weile an diesem gemütlichen Ort, der mir in dieser Stadt wie eine kleine Insel erscheint. Nichts ist da, das mich zur Eile drängt, und so spüre ich diesem Gedanken noch ein wenig nach. Es wäre mir nicht einmal so wichtig zu beschreiben, was ich tue und wie ich es tue, aber über jene, nahezu unfaßbaren Geheimnisse, die ich durch sie erfahren durfte, darüber würde es sich wahrhaftig lohnen zu berichten. Über jene Botschaften, die sie bereithalten, die Pferde – für mich, und für jeden anderen Menschen auch.

Gedankenversunken steige ich in den Jeep. Der Schmerz, der tagsüber ein wenig nachgelassen hatte, setzt nun wieder ein. Im Radio spielt man Melodien aus den 20er Jahren. Die Lichter der Stadt begleiten mich noch einige Kilometer, dann biege ich ab auf jene schmale Landstraße, die mich zu meinen Bergen und zu meinen Pferden, die mich in meine Welt führt.

Der alte Diesel zieht sich gemächlich in die Steigungen hinein. Die Baumschatten des Mondlichts geben mir und meinen Gedanken einen ruhigen und gleichbleibenden Rhythmus. Autofahren gehört nicht zu meinen Lieblingsbeschäftigungen, aber an diesem Abend genieße ich die Fahrt. Der Schmerz hat sich gleich einem kaum spürbaren Schleier über dieses Erleben gelegt und fügt sich zu etwas Unbedeutendem. So suchen sich die Gedanken ihren Weg – den Tag reflektierend, anknüpfend an das, was geschehen könnte. Der Geist macht es sich bequem wie in einem wohlig-warmen Raum, durchbricht die Zeiten und die Grenzen der Realität und gleitet hinüber ins Schwärmen, ins Fabulieren, ins Träumen.

Er verbindet mich mit jenen Jahren, in denen alles seinen Anfang nehmen sollte, hoch oben in den Bergen. Er verbindet mich mit jenen Ereignissen, die fast zu gewaltig waren, als daß man sie erfassen konnte im Augenblick des Geschehens. Er spiegelt mir die ersten Begegnungen mit den wilden Pferden, führt mir die schwere Zeit vor Augen, die gemeinsame Zeit mit dem alten Mönch. Da erscheint Paloma – hoch oben in dem kleinen, verlassenen Dorf, der Puitschmal, der »schlechte Berg«, da ist jene unvergeßliche mondlose Nacht in dem geheimnisvollen Gemäuer des Klosters, und natürlich ist da der alte Valenciano.

Meine Gedanken führen mich noch einmal zurück auf meinem Weg – auf dem Weg einer weiten, beschwerlichen Reise. Eine Reise, die bis heute nicht geendet hat und die wohl niemals enden wird. Eine Reise bis an die Grenzen des Erträglichen, vor allem aber bis an die Pforten des Wunderbarsten.

Längst ist der Weg steil und holprig geworden – das Einlegen des Vierradgetriebes kündigt die Nähe des Ziels an. Ich parke das Auto an der Rückseite des Hauses. In der Stallgasse schließt Emilio gerade die letzten Boxentüren.

»Wieder ein Tag mehr«, sage ich zu ihm. Der Alte hat seine Mütze über die Ohren tief in die Stirn gezogen. Seine glänzenden, freundlich-wachen Augen schauen mich an aus seinem kleinen, faltigen Gesicht. Eine Boxentür halb geschlossen, verharrt er einen Augenblick, dann sagt er: »Wieder ein Tag weniger!«

»Ja«, sage ich mit echter Hochachtung, »du hast recht – wieder ein Tag weniger.«

5

Oft spiele und arbeite ich mit den Pferden bis tief in die Nacht hinein. An diesem Abend aber schaue ich kurz nach dem Rechten, um es mir dann vor dem Feuer gemütlich zu machen.

Ich werde Zeit haben in den nächsten Tagen, viel Zeit. Die Gedanken, die mich des Tags beschäftigten, werden in der Ruhe des Abends nun mehr und mehr zu konkreten Plänen.

Zeigt sich da nicht doch eine Möglichkeit, das zu beschreiben und zu erklären, was scheinbar nicht zu beschreiben ist? Denn ist es nicht der Weg, den ein Mensch zurückgelegt hat, der am allerbesten hineinzuführen vermag in seine Welt? Wenn es mir gelingen könnte, einen Teil meines Lebensweges nachzuzeichnen in seinen wichtigsten Stationen, würde sich das nicht zwangsläufig und für andere Menschen nachvollziehbar verweben mit jenem Geist und jenen inneren Prozessen, die mich seinerzeit in dieser Unbedingtheit nach vorne trieben? Und würde dies nicht ebenso zwangsläufig zu jenen Erkenntnissen hinführen, die heute mein Leben bestimmen?

Liegt hierin womöglich der verborgene Sinn für das schmerzhafte Zusammentreffen mit dem kleinen Hengst?

Ich rücke noch ein wenig näher heran an die alte Feuerstelle – und jetzt, wo ich noch etwas zögernd die ersten Worte niederschreibe, da sammeln sich schon die kalten Lüfte unten im Tal, und die Pferde lehnen sich ganz dicht an die klobigen Steine der alten Mauern.

2
... über dem See weht sanft der Wind

1

Ja, ich erinnere mich noch genau. Ich war erst seit wenigen Tagen dort oben in den Bergen. Und wie von einer geheimnisvollen Kraft gelenkt, zog es mich immer wieder an eine ganz bestimmte Stelle. Es waren Tage des Wartens, der Ungewißheit, des Abschieds und des Neubeginns. Ich erinnere mich genau an diesen Nachmittag, wie ich mich tief hineingrabe in den ausgehöhlten Stein, um Schutz zu finden vor den kalten Winden, die scharf aus nordöstlicher Richtung wehen. Es ist die Zeit, in der das Wetter für gewöhnlich umschlägt. Auch all die Wesen um mich herum suchen Schutz zu dieser Stunde.

Ich habe noch kaum ein Wort mit dem alten Mönch sprechen können. Immer wieder zieht er sich zurück, weicht mir aus mit seltsam kurzen Erklärungen. Erst viel später beginne ich zu ahnen, daß eben schon an diesen ersten Tagen jenes sorgsam eingefädelt wurde, dessen allmähliche Auflösung noch so lange auf sich warten lassen sollte. So fühle ich mich alleingelassen mit mir, mit meiner Unsicherheit und mit der gewaltigsten Natur, der ich jemals gegenüberstand.

Schnell wird es kühl. Vor mir in seiner ganzen Wucht der Putschmal, der »schlechte Berg«, wie ihn die Menschen hier oben nennen. Und darunter, genauso, als hätte man das Reale der Welt für einen Augenblick ausgespart, liegt der See. Ein großes, dunkles, jetzt beinahe schwarzes Loch. Ich krieche noch tiefer hinein in die Aushöhlung des Steines, um auf den Regen zu warten, der immer kommt um diese Zeit.

Vorsichtig und zögernd hebe ich den Kopf. Meine Augen folgen dem langsam-schwebenden Flug eines

Reihers. Kaum merklich senkt er sich über der Wasserfläche. Dann, mit zwei, drei kräftigen Flügelschlägen, drückt er sich vor der Felswand noch einmal nach oben.

Dort sehe ich sie, da, wo ich sie zu dieser Jahreszeit nicht erwartet hätte. Es wird Frühling, und sie wechseln das Bergmassiv, doch es ist noch früh im Jahr, und in den Bergen liegt noch Schnee. Ganz ruhig in ihre Welt versunken ziehen sie dahin, eine kleine Stute vorneweg. Das dunkle Grau ihres Fells hebt sich nur wenig ab von dem Grau der Wolken. Ab und an tauchen sie darin ein, um dann wie auf geheimnisvolle Weise langsam wieder zu erscheinen. Ihr Gang ist schwer – sie wirken müde. Und mir ist, als würden zwar meine Augen sie fixieren, sie erkennen, und doch rühren diese Wesen in diesem Moment nichts in mir, das sich dem Bewußtsein als eine erkennbare Empfindung spiegeln könnte, als Gefühl, als Emotion. Wie wenn irgend etwas in den Menschen einen anderen Zugang, eine andere Ahnung um das zukünftige Geschehen habe, scheint dieses Bild in jene Tiefen meines Wesens hinabzusinken, zu denen mir der Zugang verwehrt ist. Hinab in jene Tiefen, in denen wohl ganz andere Gewalten und unbenannte Mächte miteinander ringen.

So spüre ich nur immer stärker, wie irgend etwas in mir zerreißen will. Mein Rücken krümmt sich, ich fühle, wie sich meine Bauchdecke schmerzhaft spannt und mein Inneres zusammendrückt.

Wieder hebe ich den Kopf, ruhig folgen meine Augen dem Zug der Pferde. Immer heftiger spüre ich dieses Beben in mir. In kurzen Zügen lasse ich die kühle, klare Luft in mich hineinströmen. Unerträglich wird diese Ruhe, und wie mechanisch forme ich meine

Hände zu einem Trichter, führe sie zögernd vor meinen Mund, atme tief ein – und fühle mich wie erstarrt. Die gewaltige, schier unerträgliche Stille drückt auf meine Brust, und als scheinen all die gelebten Jahre mit einem Schlag aus mir herausbrechen zu wollen, schreie ich in den Abend hinein:

»Yegua, Yegua, Yegua!«

Meine Stimme knallt zurück, die Worte dringen ineinander, sie zerreißen den Wind und die Stille. Das geheimnisvolle Kommen und Gehen der Pferde aber bleibt. Wieder forme ich meine Hände zu einem Trichter. Ich rufe, ich schreie, der Stute, den Pferden und mir und allem anderen hier zum Trotz, um dem Berg, dem See, den Wolken, dieser immerwährenden, schier unerträglich reinen Kraft etwas entgegenzusetzen.

Vor mir liegt ein Stein – zu groß, um ihn mit meinen Händen zu umfassen, wuchte ich ihn mit aller Kraft hoch, um ihn den steilen Hang hinunterzustoßen. Scheinbar immer langsamer werdend, bewegt er sich, und ich nehme ihn wahr, als sei er das jetzt einzige sichtbare Zeichen meiner Existenz.

Die Wucht des fallenden Steins reißt meinen Körper nach vorne, mein Fuß findet Halt an einem Baumstumpf, wie von einem Schlag getroffen, erstarre ich. Der Stein kracht auf einen Vorsprung, zerspringt in zwei Teile, die beinahe gleichzeitig die Oberfläche des Sees durchschlagen. Noch einen Augenblick bewegt sich das Wasser, dann herrscht wieder die Ruhe der Jahrtausende.

Ganz langsam lösen sich die Tränen, und mir ist jetzt, als dringe die Stille bis in die tiefsten Tiefen meines Wesens. Kaum nehme ich wahr, wie die Kälte und die

Feuchtigkeit des Abends mir bis auf die Haut dringen. Und als sei eine Kruste tief in mir geborsten, fällt ein wenig Licht auf die verborgenen Seiten meines Seins. Und Leben dringt in mich und paart sich mit der Stille.

Ich schaue auf das Haus dort unten im Tal. Der alte Mönch hat ein Feuer angezündet, und der Duft von verbranntem Lavendelholz dringt bis zu mir hinauf. Das schwache Licht, das die Flammen durch die kleinen Scheiben werfen, schlägt hier oben wie vor eine Wand. Dunkelgrün, blau und schwarz ist der Kontrast, gegen den sich das helle Rot des Feuers aufzuschwingen getraut.

Es ist kühl geworden. Ich schaue auf die Jacke neben mir. Die Pferde sind vorbeigezogen. Über dem See weht jetzt sanft der Wind. Himmel und Erde scheinen sich zu verbinden, die Kräfte stehen gegeneinander und dulden sich dennoch, begegnen sich, um jene lichte Kraft zu zeugen, die eingetaucht schien für alle Zeiten.

Langsam stehe ich auf. Ich weiß, daß es heute nicht mehr regnen wird. Hin und wieder flackert leicht das weiße Licht des Mondes über die zerklüftete Wand des nahen Berges. Die Elemente der Natur ruhen nebeneinander, wie erschöpfte Menschen, sich zärtlich in den Armen liegend. Und der Wind über dem See trägt sanft den Zauber des schimmernden Wassers. Ich denke an die Pferde, an ihr Geheimnis, das zu ergründen ich mich aufgemacht habe. Die Wärme des Feuers dort unten zieht mich an, das kleine Licht, es weist mir den Weg durch die Nacht.

2

Vor mir sitzt der alte Mönch. Es ist unsere erste wirkliche Begegnung, wenn auch niemand von uns ein Wort spricht. Ganz in sich gekehrt der Alte, harre ich der Dinge.

Die Häuser schaffen sich die Menschen selbst. Es sind Bilder ihres Seins. Wie hart und rauh und seelenlos sind die Häuser der Stadt, aus der ich komme. Wie weich, sanft, lieblich und verspielt dagegen scheinen diese hier oben in den Bergen!

Ich lehne mich zurück und atme langsam und tief. Mein Blick gleitet vorsichtig durch die bescheidene Stille dieses Raumes. Da ist der große Tisch, in dem schon Generationen ihre Spuren hinterlassen haben, die durch die Ecke gezogene Holzbank mit ihren schlichten, abgegriffenen Verzierungen, der grobe Putz an den Wänden, der immer noch die Struktur der darunterliegenden Steine erkennen läßt, das schwarze Kofferradio auf dem steinernen Sims. In dem Stumpf, der einmal die Antenne trug, steckt ein alter, verrosteter Draht.

Der Alte vor mir sitzt unverändert, und so scheint alles Erleben hier in sich zusammenzuschmelzen, und es bleibt nichts als eine angenehme Wohligkeit. Die Anspannung der Tage fällt von mir wie eine reife Frucht: Ja, denke ich, möge doch der Alte weiter schweigen, die ganze Nacht.

Den Blick leicht gesenkt, ziehen Bilder an mir vorbei – zuerst ungeordnet, doch dann folgen sie mehr und mehr der Frage, wie es denn dazu kommen konnte, zu diesem Augenblick hier oben in den Bergen, da ich nun in einem kleinen Haus sitze und auf die Antwort eines alten Mannes warte, der darüber befinden wird, ob ich bleiben darf oder nicht.

Und so führen mich diese Bilder weit zurück. Ich sehe die flachen Felder meines Heimatdorfes, den kleinen Bach, die alte Wassermühle, die Fische in der rostigen Büchse – wie sie in ganzen Schwärmen ihre geheimnisvolle Welt bildeten, und wie ich sie als Knabe Stunde um Stunde beobachtete. Da ist der Großvater, jener würdige alte Mann. Und dann eben ist da der Baum – eine alte Weide dicht an den Gleisen der Bahn. Auf der anderen Seite ging es steil hinunter zu den Feldern.

Der alte Baum gehörte zu mir, wie alles in jenem kindlichen Erleben auch ein Teil von mir war. Die grauen Bohnenstangen, die Kartoffelfelder, das alte rostige Schild an dem Bahnübergang, das Akkordeon des Onkels – ich trug es zu dem alten Baum an den Gleisen der Bahn. Umgeben von dichtem Gestrüpp hatte er an der Stelle, wo man die Felder ganz erblicken konnte, eine weit herausragende Wurzelknolle. Auf der konnte ich sitzen. Ich konnte mich anlehnen an den wuchtigen Stamm, um so die Zeit erstarren zu lassen. Denn von hier aus konnte ich sie alle sehen, dort in den Kartoffeläckern. Wie sie sich unterhielten, lachten, sich ihren Rücken hielten dann und wann, und sich streckten. Und das Akkordeon auf meinem Schoß spielte meine Melodie – aber immer nur dann, wenn der Wind in meine Richtung stand, und ich ganz schwach das Lachen von da draußen vernehmen konnte. Denn dann konnte mich niemand hören. Dann blieben die kleinen Melodien, die ich spielte, ganz für mich und den alten Baum. Und niemand ahnte, daß ich es war, der sie beobachtete, und daß ich es war, der die Zeit einfrieren lassen konnte, so wie es mir gefiel.

Immer wieder zog es mich zu dem alten Baum, wenn ich traurig war oder froh. Doch dann kam der Sturm. Ja, dann kam der Sturm. Und am nächsten Morgen waren sie alle da, sie standen an meinem Baum, alle, ich glaube, es war wohl das ganze Dorf. Von weitem schon konnte ich sie sehen, wie sie dort standen, – ich glaube, das war es, was alles so unerträglich machte für mich. Nicht einmal so sehr, daß er dalag und ich erst jetzt seine gewaltige Größe erkennen konnte, wie er so dalag über den Gleisen und bis hinunter ragte zu den ersten Bohnenstangen und dieses riesige Loch hinterließ. Niemand hatte ihn richtig wahrgenommen, als er existierte. Und jetzt, wo ihn der Sturm gefällt hatte, da waren sie alle da. Aber das konnte ich nicht ertragen, ich konnte sie einfach nicht verstehen. So schaute ich zu aus der Ferne, denn ich wollte nicht hören, was sie sagten. Und der Wind stand so, daß ich nichts hören konnte. Ich beobachtete sie nur, und da ich nichts hören konnte, war es wie ein Traum. Und der Schmerz verteilte sich ganz langsam, bis der Abend kam und auch die letzten schließlich gegangen waren.

Man rief mich: »Der soll was erleben, der Rotzlöffel. Geh runter zur Mühle, schau, ob er dort ist ...«

Aber der Wind stand so, daß mich niemand hören konnte. Denn jetzt wehte er hinaus auf die Felder und die alten, grauen Stangen, und das Loch, das der Baum hinterlassen hatte, war so groß, daß mich niemand darin sehen konnte. Und die zarten Töne, die ich an diesem Abend dem Akkordeon entlockte, wehten ganz sanft über den Stumpf, und mir war es, als verwoben sie sich mit seinen Ästen. Und so kam es, daß ich die Tränen schließlich nicht mehr bemerkte, wie sie langsam und warm an meinen Wangen hinunterliefen, und ich mich erhob aus dem riesigen Loch und es mir nichts mehr ausmachte, als sie am nächsten Morgen kamen und ihn in kleine Stücke sägten, ihn fortschleppten und lachten und sich freuten über das Holz, das sie nach und nach spalteten. Ein schlechtes Holz sei es, nicht gut geeignet zum Verfeuern, aber zum Anzünden sei es gut zu gebrauchen und für den Waschkessel auch.

Und so stand ich und las in ihren Gesichtern: Ich kannte sie und ich mochte sie, aber ich verstand sie nicht mehr. Und wie sie ihn so zerstückelten – meinen Baum – so, als wäre das nichts, da sagte ich zu mir und zu ihm: Nein, so will ich nicht werden, so nicht! Und ich fand meinen Trost, als ich zu dem Stumpf sagte, der noch lange Zeit dort liegenbleiben sollte: »Von einem solchen Sturm besiegt zu werden, das ist keine Schande.«

Das Feuer im Kamin ist in sich zusammengesunken und ich überlege, wie spät es wohl sei. Meine Gedanken wechseln von der verschwommenen Wahrnehmung des Raumes und des Alten vor mir und dem Geschehen meiner Jahre bis zu diesem Moment hier oben. Wie seltsam sich doch die einzelnen Begebenheiten aneinanderfügten, um schließlich hier an diesem verlassenen Ort zusammenzufließen.

Die Geschehnisse um diesen Baum – wie viele Jahre noch sollten sie in mir lebendig bleiben. Das eine ist nicht ohne das andere zu denken. Jetzt, in der ruhigen Betrachtung der Ereignisse, läßt sich erkennen, wie sehr das eine von dem anderen abhängt und sich die Teile wie zu einer wohlgeformten Kette fügen, die mich dann zwingend zu diesem Ort führen mußte.

Ist es ein Weg des Glückes oder das genaue Gegenteil? Was führte mich hierher? Die Hoffnung einer ungeschliffenen Seele? Das naive Treiben der immer Unverzagten, der immer Lachenden? Der fragwürdige Mut der Ungebildeten, die ein Feuer in sich spüren, ohne zu überlegen, welche Fackel sie zuerst und welche sie zuletzt anzünden sollen?

3

Ich atme tief und ruhig die feuertrockene Luft und rücke noch etwas dichter an die steinerne Wand, um mich anzulehnen. Ich schließe langsam meine Augen. Ohne jedes Zeichen von Schläfrigkeit versuche ich, die Zeit zu ordnen, versuche ich, ihrem Ablauf nachzuspüren.

Eine wichtige Weiche sollte sich für mich stellen – und mich in eine Richtung treiben, die mich wegführte von den vielen ausgetretenen Pfaden in eine Welt hinein, die es neu zu entdecken und zu erkunden galt. Denn bald schon endeten all die Wege, die andere uns vorgezeichnet hatten. Und nur einer vagen Spur folgend, sollte ich mich durchschlagen durch die Zeit und durch die Geschichte meiner Kultur – bis hin zu dem Alten vor mir und seinem unaufhörlichen Schweigen.

Nie wollte ich mich damit abfinden, daß die Zerrissenheit der Welt, in der ich zu leben genötigt war, das Alleinige sein sollte, das sie zu bestimmen und zu prägen vermochte. So suchte ich sehr früh schon die Zeichen jener vergangenen Zeiten, in denen das Erleben der Menschen noch nicht ausschließlich in abstrakte Begriffe gefaßt, als ein Großteil der Menschen ihrer Sinne noch nicht gänzlich beraubt war.

Irgendwo mußte das alles doch sein, der Friede, der

nicht bloß verdeckt, die Liebe, die nicht bloß berechnet, das Fühlen, das nicht bloß jammert und sich verschanzt hinter den Sentimentalitäten einer Welt, die die Seelen ihrer Zeitgenossen unter den Regalen des Konsums plattgequetscht hat.

So trieb es mich zu den Mysterien der alten Kulturen. Und ich hoffte, dort das zu finden, was ich hier nirgendwo entdecken konnte. Es zog mich zu den Legenden der Indianer Nordamerikas, zu den Rätseln der versunkenen Kultur der Inka, und es zog mich – wie viele andere Menschen auch – zur meditativen Kraft des fernen Ostens und seiner Religionen.

Bis ich mir schließlich eines Tages – bei aller Bewunderung und Liebe diesen Kulturen und ihren gewaltigen Schätzen gegenüber – die Fragen stellte: Kann ich denn wirklich und wahrhaftig meine Wahrheit finden – so weit weg von meinen Ursprüngen? Müßte ich sie denn nicht vielmehr hier suchen in meiner eigenen Kultur, die ja in Wahrheit mein innerstes Wesen prägt? Und in der Zeit, die folgte, formten sich mehr und mehr zwei Fragen in mir, und diese schienen mir wirklich des Erforschens wert.

Die eine Frage war diese: Sind wirklich alle Brücken zu dem natürlichen Sein und dem Denken unserer Vorfahren abgebrochen? Womöglich führen ja doch verborgene Spuren hinein in jene Zeit, als die Menschen auch bei uns die Erscheinungen der Welt noch als eine Einheit betrachteten. Womöglich gibt es solche Impulse, die es mir auch und gerade im Europa des 20. Jahrhunderts ermöglichen könnten, unserer Kultur gemäß die Wahrheit des Menschseins ein wenig besser zu begreifen.

Und schließlich war da die zweite Frage: Könnte es nicht auch so sein, daß wir alle – und zwar ein jeder für sich – die Keime in uns tragen, aus denen scheinbar Verlorenes wieder neu erwachsen kann? Hängt es womöglich nur davon ab, den richtigen Zugang zu finden?

Diese Fragen stellte ich mir zu Anfang mehr hypothetisch – schien mir doch eine praktische Antwort hierauf unmöglich zu sein. Aber die Zeit sollte mich lehren, daß es Antworten gab und daß mich diese Antworten in Welten führen sollten, von deren Existenz ich seinerzeit nicht im mindesten etwas ahnte.

Noch einmal sehe ich mich um in dem kleinen, wie verschleiert anmutenden Raum. Mein Blick gleitet über die kargen Wände und huscht vorbei an dem Schatten des Alten.

Hatte ich in ihm wirklich einen noch lebenden Zeugen jener Männer gefunden, die sich einst stolz »Rittermönche« nannten? Sollte durch ihn wirklich eine lebendige Brücke existieren zwischen all meinen Nachforschungen in geisterhaft scheinenden historischen Welten und einem Dasein im Hier und Jetzt? Sind es nicht womöglich gefährliche und dunkle Abwege, auf die ich geraten bin? Oder zeigen sich hier doch schon erste kleine Früchte jener Jahre, in denen ich unbeirrt den Wurzeln meiner Kultur nachspürte?

Die Feuer meines Suchens erhellten mir manches aus den Jahrhunderten unserer europäischen Kultur. Doch war ihr Schein viel zu schwach, als daß ich die Dinge klar erkennen konnte. Denn da waren ungezählte Fragen und kaum die Spur einer Antwort. Ich versuchte, mich zaghaft vorzutasten in die uns heute so unbekannte Welt unserer Vorfahren, die Welt der Kelten. Zwar nannte man die Völker unserer Väter barbarisch – doch wer waren sie, woher kamen sie und wie waren sie in Wahrheit?

So dunkel uns heute ihr Leben scheint, so verschwommen, finster und mysteriös sind auch ihr Erscheinen und ihr vermeintlicher Untergang. Und doch, bei allem, eines fühlte ich schon bald: In ihrer Existenz muß ein Großteil unserer eigenen verborgen liegen, und mich trieb von Anfang an eine Ahnung, daß ihre Welt wohl tatsächlich noch von eben der Ganzheit geprägt sein mußte, nach der ich Ausschau hielt. Ihnen offenbarte sich wohl auf eine ganz eigene, ja gleichsam magische Weise die Gewaltigkeit, die Pracht und die Kraft ihrer Götter. Doch was nützten all die vagen Vermutungen – hielt ich doch nichts in den Händen, das sich noch heute in meiner Zeit greifen und formen ließ. So verfolgte ich die Spuren dieser Völker bis zu ihrem vermeintlichen Ende, bis ich schließlich auf etwas gestoßen bin, das ich wieder wie ein kleines, helles Feuer in der Dunkelheit zu erkennen glaubte. Denn da, wo sich die Spuren der Kelten zu verlieren schienen, da traten plötzlich Männer auf die Bühne der Geschichte, um die sich allerlei Sagen, Mythen, Allegorien und Phantastereien ranken. Diese Gruppe war der mysteriöse Orden der Tempelritter.

Um sie herum wehten die geheimnisvollen Spuren und Zeichen des König Arthur, des Parceval und des heiligen Grals. Da waren die mythischen, geheimen, bis heute unbekannten Ordensregeln. Da war der sagenumwobene Schatz der Tempelritter und ihr unvorstellbarer Reichtum. Da war die Vision eines geeinten Europas. Da sind die Zeichen dieser genialen Männer, die Kathedralen und die überwältigenden Bauwerke, von denen bis heute niemand zu wissen scheint, wie sie entstanden und wie sie berechnet wurden. Da war das Geheimnis um die schwarze Mutter Gottes, und da waren die vielen

Parallelen zu den Zeremonien, Ritualen und Bräuchen der Kelten. Und schließlich waren da die seltsamen Beschuldigungen, die grausamen Verfolgungen und Verurteilungen durch Kirche und Staat. Bis heute liegen die Ereignisse um diese einst so mächtige Gruppe von Männern im Dunkeln.

Mich interessierten nicht die sogenannten Fakten der Geschichte, von denen ich nicht wußte, nicht wissen konnte, von wem sie in Wahrheit aufgeschrieben, von wem sie korrigiert oder gar verfälscht wurden. Ich suchte nach etwas ganz anderem – nämlich nach den Spuren jenes ursprünglichen Lebens, das am Anfang einer jeden Kultur zu finden ist. Also mußte es auch in den Anfängen unserer eigenen Kultur zu finden sein! Wie und wo und auf welchen Wegen auch immer!

Und in der Rückschau, die ich jetzt hielt, war ich erstaunt darüber, wie bedeutsam diese kleinen Reisen in die Vergangenheit für mich einmal werden sollten. Denn bald schon wurde aus grauen Studien seltsam mysteriöses, aber reales Leben.

Immer wieder zog es mich nach Spanien, in das Land der Katalanen. Ich lernte die Menschen und die Sprache kennen, und ich genoß das Klima und das Leben. So besuchte ich eines Tages einen spanischen Freund, José. Er ist Katalane, Romanist und Phantast in einem – eine außerordentlich explosive Mischung.

Wir saßen in einer kleinen Bar und sprachen eben über die sagenumwobene Gruppe der Tempelritter, und wir gingen der Frage nach, wie es möglich war, daß eine so kleine Gruppe von Männern einmal beinahe das gesamte Abendland beherrschen konnte. Wir redeten laut, lachten, tranken und freuten uns, wissend, daß wir ohnehin wohl einer Lösung dieser Frage nicht einen Schritt näher kommen würden.

Doch dann geschah das Erstaunliche. Welch eine Wendung sollte durch diesen Zwischenfall mein Leben nehmen? Während unserer Unterhaltung war mir ein Mann aufgefallen. Er saß abseits in einer Ecke, schaute ruhig auf sein Glas, und doch hatte ich das Gefühl, als lausche er angestrengt unserer Unterhaltung. Etwas später stand er auf, kam zu uns an den Tisch herüber und sagte höflich:

»Verzeihen Sie, wenn ich Ihre Unterhaltung störe – aber Sie sprechen da über ein Thema, mit dem auch ich mich sehr intensiv auseinandergesetzt habe.«

Und er stellte sich uns vor als der Besitzer einer der größten Kellereien der Gegend. Des Mittags liebe er die Ruhe vor seiner Familie und ein einfaches Essen: Darum sei er täglich hier. Auch er sei der Frage nachgegangen, wie denn wohl so etwas möglich sei, und er habe in der Tat eine Lösung gefunden: Es seien die Pferde gewesen!

Es entstand eine kleine Pause – ich fragte mich, ob dieser Mann wohl betrunken sei, und ich gebe zu, ich hatte große Mühe, ernst zu bleiben. Darum überließ ich das Gespräch lieber José. Der meinte höflich, er würde das nicht so ganz verstehen, und was denn – um Himmels willen – die Pferde damit zu tun hätten. Diese Tiere seien doch wohl damals in jeder Ecke herumgestanden!

»Ja«, sagte der Herr ganz ruhig und zuversichtlich, »das wohl. Aber niemand in dieser Zeit verstand den Umgang mit den Pferden so wie die Templer. Ich gebe ja zu, das klingt abstrus, aber möglicherweise mag es Ihnen helfen, wenn Sie sich einmal das Wappen der Templer vor Augen führen, das kennen Sie doch sicher, oder?«

»Ja«, sagte José, der mir jetzt hinter der Freundlichkeit seines Wesens auch etwas gereizt schien, »es sind zwei Reiter auf einem Pferd!«

»Und wissen Sie, warum es zwei Reiter sind?«

»Man sagt, es sei ein Zeichen ihrer Bescheidenheit. Sie teilten sich eben zu zweit ein Pferd.«

»Aber das ist doch widersinnig«, widersprach der Herr in der schlichten Kleidung, »die Templer waren die reichsten und mächtigsten Männer ganz Europas, und man weiß, daß jeder Ritter drei Pferde sein eigen nannte.«

José schaute ihn nachdenklich an und fragte dann, was das denn bitte zu bedeuten habe.

»Das Zeichen der Templer bedeutet: Das Pferd trägt beides!«

»Wie meinen Sie das, beides?« fragte ich jetzt hastig dazwischen.

»Es trägt eben beides: den Körper und die Seele des Menschen. Und die Seele ist es nun einmal, die wirkt auf dieser Erde.«

Wieder entstand eine kleine Pause, dann verabschiedete sich der Mann, entschuldigte sich bei uns, falls er gestört haben sollte, und ging.

Wir bestellten noch eine Flasche Wein und bemühten uns sehr darum, unser Gespräch in einer deutlich geringeren Lautstärke fortzusetzen.

Doch in den Tagen, die folgten, tauchte der Mann immer wieder in meinen Gedanken auf: Was war das für ein Zeichen – zwei Männer auf einem Pferd? Das war ja wirklich ungewöhnlich. Daß jeder Ritter der Templer damals drei Pferde hatte, das wußte ich auch.

»Das Pferd trägt eben beides: den Körper und die Seele des Menschen«, hatte der Mann gesagt. Aber die Zeit und der Wein und die Sonne verdrängten ihn und seine Gedanken schließlich aus meinem Kopf.

4

Ich weiß nicht mehr, was mich an jenem kleinen Buch ansprach, das mir wie zufällig in die Hände geriet – und doch wählte ich es aus der Fülle der Möglichkeiten, um in ihm zu blättern. Und das, was ich da las, sollte eine denkwürdige Verbindung herstellen zu dem Geschehen in der kleinen spanischen Bar.

Das Büchlein erzählte von der Traumsymbolik uralter semitischer Weisheit, wie sie in den Urschriften, den biblischen Überlieferungen, ihren Niederschlag findet. An einer Stelle darin ging es um die Bedeutung des Pferdes im Traum. Das Pferd, so hieß es dort, repräsentiere den »Durchbruch, der zum siegreichen Kampf führe«. Schriftkundige würden diese Auslegung schon an der Zahlenbedeutung des hebräischen Wortes für »Pferd« erkennen, denn im alten Hebräisch stand jeder Buchstabe gleichzeitig auch für eine Zahl. Genauer gesagt für ein Verhältnis im Sinne von »Zustand«, das man auch in Zahlen ausdrückte. So beschreibt also jeder Buchstabe, jedes Wort nicht nur einen Gegenstand oder ein Wesen, sondern auch einen Zustand. Das hebräische Wort für Pferd ist »s-u-s«, mit der Zahlenbedeutung »60-6-60«. Die »6« in all ihren Formen beschreibt eben den »Zustand, der etwas Neues herbeibringt«. So ist der 6. Tag der Schöpfung jener, der die Erschaffung des Menschen bringt, es bringt der Karfreitag als 6. Tag der

Woche die Kreuzigung (die zur Auferstehung führt), oder auch Pharao mit seinen 600 Reitern und Streitwagen, die das Volk Israel in die Freiheit trieben. Das Pferd mit seiner Bedeutung »6«, so heißt es in dem Buch, erscheint dann, wenn etwas ganz anderes, etwas Neues kommen soll:

»Die Pferde erscheinen immer, wenn eine Erlösung nahe ist oder zustandekommen kann, wenn das Ende der Zeit kommt. Du durchbrichst etwas, und es kommt zu einem Sieg. Das ist die Bedeutung der Begegnung mit dem Pferd. Das Pferd ist das Durchbrechen, das Siegen.«

Ich kann es nicht leugnen, diese Ausführungen trafen mich wie ein Blitz. Immer wieder gingen sie mir durch den Kopf: Das Pferd ist das Durchbrechen, das Siegen – es beschreibt den Zustand, der etwas Neues herbeibringt. Die Pferde erscheinen immer, wenn eine Erlösung nahe ist!

Ganz weit weg von allen religiösen Lehren faszinierte mich die Ähnlichkeit der beiden Bilder. Denn was hatte der Mann uns in der Bar gesagt, als wir nach dem Machtphänomen der Templer fragten: »Es sind die Pferde. Sie tragen beides – den Körper und die Seele. Und die Seele ist es nun mal, die wirkt auf dieser Erde!«

Was für ein irrwitzig scheinender Gedanke, eine ganze Kultur mit einem Tier in Verbindung bringen zu wollen. Und doch – nichts sprach dagegen, diesen Gedanken, und schien er noch so phantastisch, ein Stück weiter zu verfolgen.

So begann ich in mir herumzukramen, was ich denn alles über Pferde wußte. Es war nicht viel, doch ich war erstaunt, wie oft allein in unserer Sprache die Welt der

Pferde eine Rolle spielt: »anspornen, laß dich anspornen«, »jemanden an die Kandare nehmen«, »zügelloses Treiben«, »sich vergaloppieren«. Und wie man jenen Mann nennt, der taktvoll ist, der sich zu kontrollieren, seine Gefühle, auch seinen Zorn zu beherrschen weiß: einen Kavalier! Aber ein »Cavalier«, ein »Chevalier«, das ist doch ein »Pferdemann«! Weiter: Es gibt nur eine Überlieferung aus unserem Kulturbereich, wo Frauen zu Eigenständigkeit, zu Einfluß und zu Macht gekommen sind, und das waren die berittenen Frauen, die Amazonen, die zu Pferde siegten. Oder dachte ich nur an all die Göttersagen, wo viele der Gottheiten roßgestaltig waren: der pferdegestaltete Meeresgott Poseidon, die roßköpfige Fruchtbarkeitsgöttin Demeter der Griechen oder Taranis, der roßgestaltige Herr über Blitz und Donner der Kelten.

Ich stieß auf Berichte von Anthropologen, die eindeutig aussagen, daß neben dem Gebrauch des Feuers, des Salzes und des Getreides die Menschheit sich nur hat entwickeln können durch das Pferd und seine Domestizierung. Sollte damit nicht aber auch eine Erweiterung ihres Bewußtseins über das Zusammensein mit diesem Wesen erfolgt sein? Aber da ist noch etwas anderes außerordentlich Bemerkenswertes, denn: Nur in unserem Kulturkreis entwickelte sich aus einem »Menschen zu Pferde«, aus einem Reiter, ein Ritter. Der Stand des Berittenen, des Ritters, war bestimmend für die Entwicklung unserer Kultur und unserer Gesellschaft heute, so daß ich mich immer wieder fragte, wieso gerade das Pferd – und nicht ein anderes »Nutztier« – mit dieser Entwicklung verbunden war. Und eines stellte sich für mich ganz offensichtlich heraus: Der Weg des Ritters muß nicht in erster Linie ein militärischer, sondern vor allem und zuallererst ein geistiger gewesen sein.

Denn noch heute gibt es, obgleich es längst nicht mehr den Stand der Ritter gibt, in unserer Sprache keinen vergleichbaren Begriff zur »Ritterlichkeit«. Dieser Begriff steht für eine Geisteshaltung, die mit »anständig«, »schützend-hilfreich«, »ehrerbietig-aufmerksam«, »zuvorkommend« und mit »edel« umschrieben wird – also mit allen Tugenden, die das Leitbild des wahrhaften Menschen beschreiben. Der damit verknüpfte Kodex bindet dabei jenes in sich, das womöglich ein Schlüssel sein könnte zu dem, was den Anfang meiner Suche bestimmte. Zuerst einmal finden sich in unserer heutigen Sprachwelt fast überall zwei Worte für den Menschen, der sich zu Pferd bewegt, nämlich Reiter oder Ritter. Aber auch im alten Hebräisch unterschied man zwischen dem »Reiter auf dem Pferd als Nutztier« (Färäd) und »Krieger auf dem Pferd, das siegreich den Boden schlägt« (Farasch). Schon in der Sprache war deutlich, daß es wohl zwei Möglichkeiten gab, sich mit diesem Wesen Pferd auseinanderzusetzen! Man konnte es benutzen wie einen »Gebrauchsgegenstand«, oder aber man konnte sich mit ihm derart zusammenschließen, daß eine gemeinsame Entwicklung stattfand, die sich wie ein auch immer gearteter innerer Reifungsprozeß vollzog. Und aus dieser unterschiedlichen Art der Begegnung zwischen Mensch und Pferd entstand dann entweder ein »einfacher Reiter« – oder es erwuchs eben ein »Ritter«.

Aber wenn nun schon die Sprache klare Unterschiede machte, dann müßte hier doch auch in der Sache selbst ein wesentlicher Unterschied bestehen! Denn die Sprache versucht schließlich, die Wirklichkeit zu beschreiben.

Was für ein Gedanke! Ich fieberte geradezu: War da nicht wirklich und wahrhaftig eine Antwort zu finden auf meine zwei Ausgangsfragen? Ich suchte nach den Wurzeln und nach den Spuren unserer Kultur und fand ein Symbol: aber nicht ein totes, sondern ein noch immer sehr lebendiges.

Und weiter: Überall verwiesen mich meine Nachforschungen darauf, daß es zwei Möglichkeiten geben mußte, sich mit diesem Wesen auseinanderzusetzen. Wählte man den Weg, den man womöglich den »geistigen« nennen könnte, dann veränderte sich auch die Bezeichnung für diesen Menschen! Kann ein Wesen in dieser Weise einen Menschen formen? Kann ein Pferd in dieser Weise einen Menschen formen?

Und immer aufgeregter fragte ich: Wenn womöglich die Menschen nicht mehr existieren, die dieses alte Wissen überliefern könnten, ist es denn nicht auch heute noch möglich, durch das – oder besser durch ein ganz bestimmtes – Zusammensein mit dem Pferd ähnliche Erfahrungen wie unsere Vorfahren zu machen?

Gibt es ein solches Geheimnis um die Pferde? Gibt es etwas, was wir von ihnen lernen können? Haben sie uns etwas zu sagen, das über das Alltägliche hinausreichen könnte? Tragen sie etwas in sich, so etwas wie eine Botschaft? Ja – das war die Frage! Gibt es eine Botschaft an die Menschen? Gibt es eine Botschaft der Pferde?

5

So zog mich noch einmal mein Interesse zur Geschichte der Kelten, jetzt aber auf der Suche nach den Spuren der Pferde, und ich fand deren unendlich viele!

Für die Kelten und auch ihre Nachbarn, die Germanen, war das Pferd offensichtlich ein heiliges Wesen, das bei vielen Opferriten beteiligt war. In ihrer Kultur spielten viele andere Tiersymbole und Darstellungen allem Anschein nach eine wichtige Rolle. Und doch schien es mir so, als sei das Pferdesymbol das herausragendste von allen. Was für eine vage, zarte, flüchtige Spur hielt ich in meinen Händen – aber je weiter ich ihr folgte, um so deutlicher wurden die Zeichen.

Kaum etwas hat uns dieses Volk hinterlassen, ein Symbol aber, das diese besondere Beziehung zum Pferd dokumentiert, findet sich in England. Bei Westbury/Wiltshire ist in einem Kreidefelsen ein Bild von über einhundert Metern Länge hineingegraben: Es zeigt ein riesiges, wunderschönes weißes Pferd! Die wahre und weitreichende Bedeutung dieses Zeichens sollte sich mir aber erst Jahre später offenbaren.

Eine Legende, auf die ich schließlich gestoßen bin, bestärkte mich auf ganz bezaubernde Weise:

»Denn es war wohl im 1. Jahrhundert nach der Jahrtausendwende, als ein Knappe auf eine Herde junger, wilder Hengste stieß. Deren zählte er genau neun. Der alte Ritter forderte ihn auf, sorgsam zu prüfen – denn einer dieser jungen Hengste sei der seine. Aber er müsse seine Wahl gut treffen, denn verfehle er das rechte Pferd, so sei er bereits an der ersten Prüfung auf seinem Weg zum Ritter gescheitert. Und der Knabe fand, daß ihm der eine der Hengste so gut gefiel wie der andere. Doch wie er sie genauer verglich und mit seinen Augen ihre Körper maß, da fand er einen heraus, der wohl schöner war als alle, die er sah. Und wenn er sich auf sie zubewegte, dann blieben sie doch unberührt und fraßen, als sei er nicht zugegen. Nur ein kleiner Hengst – der unscheinbarste von allen – spitzte ein wenig seine Ohren. Er stand abseits, und unbeachtet von den Blicken des Knappen beobachtete er jeden seiner Schritte. Am Abend dann fragte ihn der Ritter nach seiner Wahl. Der Knabe zögerte nicht lang, ihm jenen schönen Hengst zu benennen, doch seine Worte stockten, als würden sie gehalten von einer unsichtbaren Macht. Und statt dessen hörte er sich sagen:

›Gib mir den Kleinsten von den Neunen – der, der auf mich blickte, als ich näherkam und seine Augen nicht mehr von mir ließ. Der ist mein Pferd.‹

Und so fing er jenen kleinen, dunklen Rappschimmel, der der Seine war, aus der Herde. Und sie schnitten ihm die Mähne als Zeichen seiner Erwähltheit. Und in den ersten Jahren, die sie miteinander verbringen sollten, erlebten beide keine rechte Freude – denn das Pferd hatte zu leiden unter den Fehlern des jungen Knappen. Unter seinem jugendhaften, unreifen Benehmen, unter seinem Zorn, seiner Wut, seinem Ehrgeiz und seiner Ungerechtigkeit. Doch mit den Jahren erkannte dieser, daß das alles seine Fehler waren und nicht die des Pferdes. Und in dem Erkennen dieser Fehler erkannte er sich selbst. So konnten sich die dunklen Seiten seiner Seele läutern, die dann ›weiß‹ wurde mit den Jahren. Und mit diesen Jahren wurde auch das Fell seines kleinen Hengstes weiß. Er wurde zu einem makellosen Schimmel.

Und als so schließlich nichts mehr zwischen ihnen stand, kam es, daß sie eines Tages zu ihm gingen, um ihn in den weißen Mantel der Ritter zu hüllen, zum Zeichen, daß sich Reines mit Reinem zu einer Einheit verbunden hatte. Und als er viele Jahre später seinen Knappen zu seinen jungen Hengsten führte – neun waren es an der Zahl – da ermahnte er ihn mit scharfen Worten, seine Wahl sorgsam zu treffen ...«

Der Wind, der tagsüber nur schwach wehte, lebt jetzt mehr und mehr auf, und die kalte Luft dringt durch die Ritzen der schweren Tür. Das Feuer im Kamin flackert wieder heftig und der heiße Rauch findet rasch und mit einem leisen unregelmäßigen Pfeifen seinen Weg in die Freiheit. Mich fröstelt ein wenig, und ich denke an jenen kalten Winter, da ich zum ersten Mal im Leben eine dunkle, neonbeleuchtete, feucht muffige Reithalle betreten hatte. Ich ging zu den Pferden das erste Mal.

In mir war ein Feuer entbrannt – ein Feuer der Hoffnung, in jenem Tier ein Wesen finden zu können, das in seiner Symbolträchtigkeit womöglich ein noch lebender Zeuge sein könnte aus jenen Welten, nach denen ich nun schon so lange gesucht hatte.

Doch ich stand vor Tieren, in deren Augen ich jenes Leben und jenes Glück nicht finden konnte, von dem die Götter, die Helden und die Keltenlieder sangen. Was aber viel schlimmer war: Ich stand vor Menschen, die diese Tiere so behandelten, wie sie sie auch nannten – sie nannten sie einfach »Material«. Und die Prüfungen, in die sie sie scheuchten, nannten sie »Materialprüfungen«.

Ich schaute mich um, sprach mit den Menschen über alles, was sie von den Pferden wußten, doch schließlich nahm ich Abstand von alledem.

Meine Welt war eine andere. Noch immer sah ich sie mit den Augen jenes Kindes, das die Zeit anhalten konnte, wann immer es wollte. Und noch immer sah ich sie, meine Welt, mit den Augen jenes Kindes, das nicht so werden wollte. Nein – so wie jene wollte ich nicht werden.

Aber da war auch etwas, das mich wieder versöhnen sollte – sie mochten sie nennen, ihre Pferde, wie sie wollten, sie mochten sie quälen, wie kaum etwas anderes auf der Welt, sie mochten ihre Gedankenlosigkeit an ihnen ausleben, aber eines taten sie alle – sie liebten ihre Pferde, ja, bei alledem – sie liebten sie. Und da wußte ich, daß ich auf dem richtigen Weg war.

6

Ich hebe meinen Kopf und schaue auf den Mönch, den ich einfach nur Señor nenne. Ich glaube, ich habe niemals einem Menschen so lange schweigsam-wartend gegenüber gesessen.

Ich überlege, ob ich ihn wohl ansprechen solle. Aber ich sage nichts, lasse meine Augen langsam zur Decke gleiten, und in meinen Gedanken erscheint noch einmal der Mann aus der kleinen Bar – wie ich ihm schließlich zum zweiten Mal begegnet bin. Mehr als zwei Jahre waren inzwischen vergangen.

»Doch, doch, ich erinnere mich noch gut an Sie«, sagte er ruhig – beinahe so, als sei unsere neuerliche Begegnung überhaupt nichts Überraschendes.

»Sie saßen dort drüben mit einem Landsmann von mir und haben sich über die Templer unterhalten. Daran erinnere ich mich noch sehr gut. Ich sagte, es seien die Pferde gewesen. Schön, daß ich Sie wiedertreffe.«

Ich erzählte ihm von mir – von all meinen Nachforschungen und natürlich auch von den Pferden und davon, daß ich mich jener wahnwitzigen Idee verschrieben hätte, an meinem eigenen Leibe und mit meinen eigenen Händen das selbst zu erfahren und zu begreifen, was ich als hauchdünne Spur der Geschichte bis heute hatte verfolgen können. Es sei eben die einzige Spur, auf die ich in all der Zeit wirklich gestoßen sei: »Die Realität mit den Pferden aber läßt mich immer wie vor eine Wand stoßen. Und da habe ich mich an Sie erinnert – und jetzt bin ich hierher gekommen, um Sie um Rat zu fragen.«

»Wieviel Zeit haben Sie?« fragte er schließlich.

»Alle Zeit der Welt – alle Zeit, die nötig ist.«

»Gut – dann kommen Sie bitte in einer Woche wieder hierher. Ich kann Ihnen aber nichts versprechen.« Wir leerten unsere Gläser und verabschiedeten uns voneinander.

Wir trafen uns zur verabredeten Zeit an jenem kleinen runden Tisch. Er wirkte nachdenklich und in sich gekehrt. Er schaute schweigend in sein Glas. Dann sagte er langsam, ohne mich dabei anzuschauen: »Es gibt einen Menschen, der Ihnen womöglich weiterhelfen kann. Ein Eremit. Er lebt allein mit seinem Pferd in den Bergen. Für gewöhnlich läßt er nichts und niemanden zu sich – seit Jahren schon. Er ist ein schwieriger, zurückgezogener, in sich gekehrter Mensch und lebt das Leben eines Mönches. Er verbringt all seine Tage in der Meditation – aber dies tut er eben nicht, wie man sich das gewöhnlich vorstellt, denn dies tut er mit seinem Pferd!«

»Er meditiert mit seinem Pferd? Heißt das, er ist im Besitz dieses alten Wissens?«

»Er meditiert mit seinem Pferd – mehr weiß ich nicht. Ich bin zu ihm gefahren und habe mit ihm gesprochen – ich habe mit ihm über Sie gesprochen.

Zuerst hat er alles rundherum abgelehnt – aber dann war er doch bereit, mir zuzuhören. Ich habe versucht, Sie und Ihre Geschichte, so gut ich konnte, zu beschreiben – und ich glaube, es besteht eine kleine Hoffnung. Als ich dann jedoch fragte, ob ich Sie einmal mitbringen könne, da lehnte er gleich ab und schien sich wieder zu verschließen. Schließlich aber bat er mich, Ihnen das Folgende aufzutragen: Sie möchten sich bitte viel Zeit nehmen und Ihr Anliegen in einem persönlichen, handgeschriebenen Brief an ihn richten. Wenn Sie wollen, dann treffen wir uns hier wieder – sagen wir – in einer Woche. Ich bin sicher, bis dahin haben Sie diesen Brief.«

Und so geschah es. Der Mann aus der kleinen Bar nahm meinen Brief mit in die Berge zu dem Eremiten, und es sollten Wochen vergehen, bis ich etwas von ihm hörte.

Und ich sollte sie noch schätzen lernen, diese ruhigen, erholsamen, friedvollen Wochen – denn sie lagen in ihrer leichten, dahinfließenden Süße vor dem schroffesten Abgrund, an den mein Schicksal mich jemals führte.

Hastig öffnete ich schließlich den Brief, den mir der Alte überbringen ließ. Und ich fand jene kurzen Sätze:

»Wenn Sie kommen, dann kommen Sie nur mit dem Allernötigsten. Señor Alda wird Sie zu mir bringen. Bitte erwarten Sie nichts – ich kann Ihnen nichts versprechen.«

7

Der naive Knabe ist zerbrochen – einige bunte Splitter liegen am Boden – jetzt gilt es zu hoffen, daß sich aus diesen Scherben etwas Neues fügt. Fange ich noch einmal ganz von vorne an?

Bin ich auf der richtigen Spur? Gibt es ein Geheimnis, das die Pferde durch die Jahrhunderte tragen, durch die Jahrhunderte unserer Geschichte? Oder ist es ein Phantom, dem ich nachjage?

Jetzt werde ich unruhig – die Spannung in mir sucht sich wieder ihren Raum ,- und als hätte der Alte sie gelesen, meine zweifelnden Gedanken und unsicheren Fragen, bricht er mit einem Male sein Schweigen.

Er legt die Hände sorgsam vor sich auf den Tisch und beginnt langsam und bedächtig zu sprechen:

»Ja, deine Vermutungen sind richtig. Es gibt ein solches Geheimnis, nach dem du suchst. Ein Geheimnis, das die Pferde in sich und mit sich tragen – wie eine Schrift aus kaum zu entziffernden Lettern. Eine Schrift, die nur wenigen Menschen zugänglich ist.«

Der Alte atmet tief ein, und es scheint mir, als koste es ihn eine große Überwindung, mit mir über diese Dinge zu sprechen.

»Es gibt auch ein Geheimnis, das die umgibt, die sich auf den Weg gemacht haben, diese Zeichen zu ergründen. Es gibt viele Möglichkeiten, dem Wandel der Welt nachzuspüren, ihren tief verborgenen Wundern und Wahrheiten. Ein jeder findet seinen Weg, wenn nur der Wunsch und der unbedingte Wille hierzu mächtig und unumstößlich reifen konnten. Einer dieser Wege, und sicherlich kein unbedeutender in unserer Kultur, ist die Auseinandersetzung mit dem Wesen, durch das der

Mensch seiner Vollendung zustreben kann. Das aber zu verstehen und mit seinen Händen und seiner Seele wirklich und wahrhaftig zu begreifen, das hat nichts, aber auch gar nichts mit jenen sentimentalen Vorstellungen zu tun, die sich viele Menschen heute von der Erlangung ihres Seelenheils machen. Jedes bescheidene Weib unten im Dorf, das seine Kinder in der Verrichtung ihrer täglichen Pflichten mühevoll Stunde um Stunde ihrem eigenen Leben näher bringt, und jeder brave Bauer und Viehhirte im Tal ist all dem viel stärker verhaftet, als jene, die sich in selbstverlorener Schwärmerei – anders vermag ich es nicht auszudrücken – dem ›Rausch des Universums‹ hingeben und dabei in Selbstherrlichkeit, Größenwahn und grenzenloser Eitelkeit jämmerlich und für alle Menschen ihrer Umgebung unerträglichst ersticken.«

Wie wenn er selbst erschrocken sei über seine Worte, lehnt er sich ein wenig zurück und schaut mir einen kurzen Augenblick in die Augen. Seine Gesichtszüge erhellen sich jetzt – sie werden freundlich und klar. Ich fühle mich unsicher und wie ein unreifer Knabe.

»Mit den Pferden ist es wie mit der alten Karte eines Schatzes – man läuft über sie, man tritt sie mit den Füßen, nicht ahnend, worauf man sie setzt. Tausende schon haben sie in den Händen gehalten – und wohl kaum jemandem ist jemals etwas aufgefallen. Die aber, die ihn einmal gefunden haben, jenen Schatz, hüten ihn sorgsamst, genauso wie auch ich ihn hüten würde – so ich ihn hätte!«

Alles an ihm war rätselhaft für mich und undurchsichtig. Klar und freundlich das eine seines Wesens, düster, verschlungen und merkwürdig widersprüchlich das andere. Hätte mich jemand gefragt nach ihm, ich hätte gesagt: Ein komischer Kerl – ich mag ihn nicht besonders. Jetzt aber fürchtete ich, er würde mich einfach wieder zurückschicken.

»Und selbst wenn ich dieses Geheimnis an dich weitergeben wollte, ich könnte es gar nicht. Doch darüber will ich jetzt nicht sprechen.

Sprechen will ich über das, was ich tun will – und was ich tun kann für dich. Und glaube mir, es kostet mich sehr, sehr viel Überwindung. Ich bin ein alter Mann, und meine Vorstellungen über meine letzten Lebensjahre haben sehr konkrete Formen angenommen. Ein Mensch, wie du einer bist, kommt darin bis jetzt nicht vor. Aber womöglich doch?«

Wieder hüllt sich sein Gesicht in ernste Nachdenklichkeit.

»Ich will es dir erlauben, hier oben zu bleiben – du findest hier nicht viel – aber alles das, was du brauchst. Mehr aber gestatte ich dir nicht.«

Mit diesen Worten schauen mich seine kleinen Augen scharf und durchdringend an, so daß die Freude in mir über diese Zusage gleich wieder zu ersticken droht.

»Erwarte nichts von mir – erhoffe dir nichts. Fordere nichts und bedanke dich für nichts – denn es ist nicht viel, was ich für dich tun kann. Womöglich aber kannst du etwas für dich selbst tun – das kann ich heute noch nicht erkennen – darum aber gestatte ich dir zu bleiben.«

Ich will etwas sagen, will mich bedanken, will höflich sein – aber ich tue nichts. Wie versteinert bleibe ich schweigsam und warte nur ab. Nach einer langen Pause fährt der Alte fort:

»Die Verursacher des Zustands der Welt heute sind wir Menschen – und niemand spreche sich frei davon. Und die Menschen des Abendlandes sind es, die das gewaltigste Feuer der Vernichtung in die Welt hineingetragen haben und es noch immer weiter tun – tagtäglich. Das ist unser gemeinsames, unser aller Vergehen. Ein jeder trägt seinen Teil – ein jeder Teil ist unerträglich groß. Aber was für eine Rolle spielt bei alledem das Pferd? Mutet das nicht grotesk an? Wir sprechen über das Schicksal der Welt und verknüpfen es in einem Atemzug mit einem Tier! Scheinen da nicht alle Relationen durcheinandergeworfen?«

»Ja – das Gefühl habe ich auch«, sage ich jetzt mit einer vom langen Schweigen belegten Stimme – und ich sage es dann – wie zum Trotz – noch ein wenig lauter ein zweites Mal: »Ja – das Gefühl habe ich wirklich!«

Der Alte schmunzelt.

»Und doch ist es so. Denn nicht ohne Grund war es Jahrtausende das heiligste und geachtetste Tier auf diesem Boden. War es der Begleiter der Helden, Götter und Könige – und nicht selten war der Name ihrer Pferde ruhmbeladener als ihr eigener. Denn das Pferd ist ein Symbol für sehr, sehr vieles. Für alles das, was aus dem Leben der meisten Menschen heute herausgerissen ist.«

Zum ersten Mal an diesem Abend beugt sich der Alte etwas nach vorne – kommt dabei etwas dichter zu mir heran und zeigt dann sehr menschliche Züge. Beinahe etwas ungehalten fährt er fort:

»Tausende und Abertausende nennen sich Besitzer eines solchen Wesens und sind wie erblindet. Sind auch sie nicht wie all die anderen Narren in einer Welt, die längst aufgehört hat zu existieren? Die den Kadaver des Lebendigen seit Jahrhunderten konserviert hat, um dann in einem gigantischen Maskenball des Daseins nur gespieltes Leben zu zelebrieren?«

Ich bin erschrocken über die Härte seiner Worte. Immer unsicherer werde ich mir in meinem Urteil über diesen Menschen – aber ich kenne ihn ja kaum. Ruhig höre ich ihm weiter zu:

»Und doch tragen eben viele von ihnen eine Ahnung in sich – eine Ahnung von jenen Welten, die sie in ihren Geschichten, Märchen und Träumen wiederfinden – genauso wie du. Ich will dir eine Pforte öffnen – aber ich will das nicht tun, ohne dich zu warnen. Dein Leben war nicht das eines geknechteten, angepaßten, unterdrückten Wesens, doch sei dir darüber im klaren, daß du angetreten bist, die Fesseln zu sprengen, von denen du noch gar nicht weißt, daß du sie trägst. Und tust du das, dann bist du erst einmal ohne jeden Halt. Dann ist nichts mehr da, das dich zurückhält. Dann mußt du fliegen, schwimmen, fallen, laufen, leben und dich fürchten – und bei all der Furcht diese ganz und gar vergessen. Denn dann bist du es ganz allein, der die Verantwortung übernimmt für sich – du ganz allein. Die Dinge wachsen langsam – Schritt für Schritt –, und du hast viel Zeit, um zu schauen, was geschieht. Und die meiste Zeit dabei bist du alleine – und oftmals wirst du nicht verstehen, was ich tue und warum. Und es wird nicht lange dauern, da wirst du mich verfluchen – so wie ich andere verflucht habe. Nichts wirst du begreifen, und es kommt der Tag, an dem du alles das verwünschst.«

Jetzt erst bemerke ich, wie ich nach und nach immer weiter in die Ecke der Holzbank gerutscht bin und nun hier wie eingeklemmt hocke. Ich weiß genau, daß ich bleiben muß – daß es richtig ist, was ich tue –, wenngleich ich auch am liebsten noch heute abend dieses Haus wieder verlassen würde. Gibt es wirklich irgend etwas, das ich von ihm lernen kann? Haben ihn die Jahre der Einsamkeit so verdreht, daß er die Zeiten und die Welten nicht mehr zu unterscheiden weiß? Ist dieser Mann im vollen Besitz seiner geistigen Kräfte? Ist er womöglich ein Verrückter? Ich kenne ihn nicht und auch nicht den Mann aus der kleinen Bar.

Warum bin ich mir nur so sicher, daß es richtig ist, das zu tun, was ich tue? Ja, ich weiß, daß ich es tun muß.

Noch ahne ich nicht, daß die Worte des Alten das Grauenhafte der Realität noch bei weitem nicht treffen. Daß seine Warnungen so sind wie zarte Zeichen, gemessen an dem, was mich wirklich erwarten soll. Ja, er hat mich gewarnt – hätte er mir aber die Realität jener Monate, die vor mir lagen, auch nur im mindesten ihrer Wahrheit gemäß geschildert – ich hätte nicht den Mut besessen zu bleiben.

Noch einmal lebt der Wind kräftig auf – er huscht über den Boden quer durch den Raum und bläst die kleinen Flammen aus, die sich noch zaghaft auf den verkohlten Resten des einst wuchtigen Stoßes haben halten können.

Geisterhaft und unheimlich erscheint mir jetzt der Raum. Mir ist kalt – und ich fühle einen stechenden Schmerz in meinem Kopf. Wie durch eine dichte Nebelwand dringen die letzten Worte des Alten dumpf zu mir hindurch:

»... denn der Weg des Lebens ist ein Weg der Prüfungen.«

3
... denn die Sonne zieht ihre Bahn, und es wechseln die Düfte im Rhythmus ihrer Zeit

1

Es ist kurz vor Sonnenaufgang. Ich stehe auf dem weiten Plateau oberhalb des Hauses. Links hinter mir, nur einige Meter entfernt, steht einer der wenigen großen Bäume. Ich atme tief die kühle Luft. Es geht mir gut, mein Herz schlägt wieder gleichmäßig. In der Nacht bin ich oft aufgewacht. Nur unmerklich bewegt sich der Nebel. Kaum wahrnehmbar folgt er dem Lauf des Tals und gibt jetzt die ersten felsigen Konturen des Seeufers frei. Lange bevor sich die Sonne zeigt, bricht hier oben der Tag an, und die Welt erhellt sich langsam in tausendfachen Blauschattierungen.

Das Denken in den frühen Stunden ist unbeschwert und leicht. Ich versuche, in mir ein zusammenhängendes Bild zu formen von den ersten Tagen hier oben in den Bergen.

Der Alte geht vor dem Frühstück zu seinem Pferd, um es zu füttern. Manchmal reitet er auf der kleinen, staubig-krautigen Wiese unterhalb der Kapelle. Er gestattet mir nicht, ihm dabei zuzuschauen. Es komme schon die Zeit, ich müsse mich gedulden. Wir sprechen nicht viel miteinander, aber es scheint mir, als sei er in den letzten Tagen zugänglicher geworden.

Die Tätigkeiten des Tages beschränken sich auf Arbeiten in Haus und Garten. Meine Hände sind wund und aufgerissen von der riesigen Menge Holz, die ich bereits gespalten und gestapelt habe. Über Pferde und die Beschäftigung mit ihnen reden wir kaum. Ich bin sehr vorsichtig. Ich habe gelernt, mich in die Rolle des Gastes zu fügen, im Hintergrund zu bleiben und nicht durch voreilige Fragen aufzufallen oder gar lästig zu sein. So weiß ich noch immer sehr wenig über den alten

Mann. Nur seine Geschichten über irgendwelche kuriosen Gegenstände in seinem Haus und die wenigen, sorgsam eingehaltenen Gewohnheiten formen ein rätselhaftes und widersprüchliches Bild in mir.

Da ist der alte Vorderlader oberhalb der runden Treppe, die hinaufführt in die drei kleinen Schlafräume. Daneben hängt, an zwei dicken Nägeln aufgehängt, ein alter, halbzerfallener Fensterrahmen. Der Großvater habe mit dem Gewehr einige Eindringlinge durch jenen Fensterrahmen hindurch erschossen – die Belagerer hätten ihn schwer verletzt. Er aber habe mutig und heldenhaft Haus und Familie verteidigt. Die kleinen, oft zusammengekniffenen Augen des Alten leuchten – sie wirken feurig und jugendlich, wenn er in seine eigene Vergangenheit versinkt. In solchen Momenten empfinde ich große Sympathie für ihn, und es verstärkt sich die Sehnsucht und die Hoffnung in mir, er möge an einer noch nicht versiegten Quelle sitzen und den einen oder anderen Zugang kennen zu den Welten, die zu erkunden ich mich aufgemacht habe.

Da ist die kleine, graugestreifte Katze, und da sind die zwei dunkelroten, tönernen Milchschüsseln. Die eine wird täglich gefüllt für das Kätzchen, die andere nur einmal im Jahr, zur Sommersonnenwende. Dann stelle er, wie alle Menschen hier im Tal, eine Schüssel mit Milch hinaus vor die Eingangstür. Die Milch sei, so sagt er, für die Elfen.

Da ist das in roten Samt eingewickelte Schwert. Er warnt mich mit eindringlichen Worten, es niemals zu berühren oder es gar auszuwickeln – dann würde Schreckliches passieren. Vorsichtig öffnet er bei diesen Worten sein leinenes Hemd, um einige jener Narben zu zeigen, die seinen ganzen Körper entstellen. Oft hätte ihn im Übungskampf mit seinen Lehrern die scharfe Schwertspitze getroffen und verwundet.

In einer Ecke über dem Bücherregal hängt in einem schmalen, hölzernen Rahmen ein Brief des Königs, an ihn persönlich gerichtet. In diesem Brief schreibt der König über die adelige Herkunft des Mönches.

Da ist das kleine Holzfaß in der Vertiefung der Mauer, mit dem süßen, schweren Wein, und da ist das Feuer und der Rost über der heißen Glut mit dem Brot darauf und den Tomaten. Da ist die Musik aus dem alten Radiogerät, und da ist der kleine blinde Hund.

Noch immer atme ich tief ein. Die Luft riecht in diesem Augenblick, als würde sie mit dem heraufziehenden Morgen aufs neue entstehen. Ich freue mich über das helle Grün der sonst so kargen Bergwiesen, wie sie jetzt in der aufgehenden Sonne gelblich schimmern vor den mächtigen, dunkelbraunen Berghängen.

Ich weiß nicht, was kommen mag, aber ich habe mich auf alles hier eingelassen, und je widersprüchlicher mir auch von Tag zu Tag alles erscheinen mag – ich weiß, daß es gut war zu kommen und daß es richtig ist zu bleiben, wenngleich ich mich oft seltsam schwach und müde fühle.

Über dem Feuer hängt Tag und Nacht ein eiserner Topf, in dem eine dickflüssige Suppe kocht. Sie dient als Grundlage für viele Gerichte. Man gibt etwas Mehl dazu, und es wird ein Teig für Pfannkuchen daraus. Man verdünnt sie mit Bergwasser, gibt Kräuter und etwas Fleisch hinzu und erhält eine Brühe. Oder man verdickt sie mit Hafer oder Maismehl zu einem seltsam schmeckenden Brei. Zu allem gibt es Brot und Tomaten, Knoblauch und Öl. Es wird Fisch gegessen aus den

Flüssen und Seen und hin und wieder Rind- und Hammelfleisch. Wir sitzen gemeinsam an dem Holztisch auf kleinen, dreibeinigen Schemeln. Während des Mittagessens ist der Alte meist recht schweigsam, heute aber beginnt er langsam und nachdenklich ein Gespräch. Er fragt mich zum ersten Mal, seit ich hier oben bin, wie es mir gehe. Ich bin so überrascht, daß ich spontan mit »gut« antworte und erst Augenblicke später merke, daß ich etwas ganz anderes habe sagen wollen.

So, als wäre er gut vorbereitet, beginnt er zu sprechen, ohne mich dabei anzuschauen. Er redet so leise und mit so vielen Pausen, daß ich Mühe habe, ihn zu verstehen, und darum meinen Oberkörper nach vorne beuge, über die schmale Kante des Tisches.

»Du kannst viele Dinge tun in deinem Leben, dich mit vielem auseinandersetzen. Wie aber kannst du erkennen, daß es wahr ist, daß das, was du erlebst, Wirklichkeit, daß es reales Leben ist und sich nicht nur in deiner Vorstellung abspielt? Das ist wohl eine der größten Gefahren, in der sich die Menschen Zeit ihres Lebens befinden, daß sie sich allzu gerne trügerischen Illusionen hingeben.«

Mein Oberkörper ist jetzt weit über den Tisch gelehnt und mein Blick leicht gesenkt, so daß ich nur schattenhaft erkenne, wie der Alte mit einem Satz aufspringt, um mit seiner linken Hand so gewaltig auf meine Brust zu schlagen, daß ich hintenüber von meinem Schemel stürze und hart auf den Boden schlage. Ich schnappe nach Luft, mein Brustkorb schmerzt, und ich bin unfähig, einen Gedanken zu fassen oder überhaupt zu begreifen, was denn wohl geschehen ist!

Er hilft mir auf die Beine. Jetzt erst explodiert die Wut in mir, ich stoße ihn zurück und bin endgültig davon überzeugt, mit einem Verrückten zusammen zu sein. Stotternd und nach Luft ringend schreie ich ihn an. Mein Respekt vor dem Alter und der Würde seiner Person hindert mich nicht daran, ihn zu beschimpfen. Schier grenzenloser Zorn breitet sich in meinem ganzen Körper aus.

So aber, als sei nichts geschehen, sitzt der Alte wieder über seiner Schüssel. Unbeweglich seine Miene. Nichts kann ich darin erkennen, nichts kann ich darin lesen.

Abgeschnitten von aller Welt sitze ich hier oben und frage mich, was ich hier wohl soll. Meine Brust schmerzt. Mir ist danach, zu schreien, ihn zu verprügeln oder mich auf seinen Schoß zu setzen und zu weinen wie ein kleines Kind.

»Wenn das der Huf eines Pferdes gewesen wäre, dann wärst du jetzt tot. Das ist die Wahrheit, das ist die Wirklichkeit!«

Staunend höre ich seine Worte. Es ist das erste Mal, daß er von den Pferden spricht. Langsam richte ich meinen Schemel auf, fassungslos über den Irrwitz dieser Dramaturgie. Er wartet geduldig, bis ich wieder auf meinem Platz sitze. Dann fährt er ruhig und gelassen fort:

»Du wirst in der kommenden Zeit mit vielen Herausforderungen konfrontiert, und wenn du auch nur einen Bruchteil deiner Schlafmützigkeit bewahrst, dann wirst du womöglich schon diesen Sommer nicht mehr erleben. Wie siehst du denn die Welt? Du träumst vor dich hin, kannst Traum und Realität, Wahrheit und Phantasie nicht auseinanderhalten.

Du bist zu mir gekommen, weil du etwas suchst. Auf diesem Weg aber gelangst du in unzählige Situationen, in denen es nichts nützt, zu träumen und zu weinen, in denen dir nichts anderes bleibt, als dich mit der Realität und der Wahrheit auseinanderzusetzen und mit dem Leben, mit dem wachen, bewußten Leben. Denn das Leben, das du jetzt lebst, das ist hier oben nicht selten nur eine Handbreit weit vom Tod entfernt.«

Meine linke Hand, die die ganze Zeit auf der schmerzenden Brust gelegen hat, sinkt langsam auf die Tischkante herunter. Diesen Ausdruck im Gesicht des Alten habe ich zuvor noch nicht gesehen. Er ist so klar und überzeugend, daß seine Worte in mich dringen, als könnten sie alle Barrieren der Reflexion ungehindert passieren.

Er schaut auf seine zusammengeballte linke Hand: »Wenn meine Faust, die Faust eines alten Mannes, es schafft, dich in einem Moment zu Boden zu strecken, was wird dann erst sein, wenn die Hufe der jungen Hengste um dich herumwirbeln? Dann gibt es womöglich kein Geheimnis mehr, das sich für dich lohnt zu ergründen, denn dann wirst du aller Geheimnisse auf einmal gewahr – im Jenseits!«

Nach einer langen Pause, die ich ohne ein Wort verstreichen lasse, fährt er fort: »Alles, was ich und vor allem die Pferde dir sagen wollen, ihre Botschaft, das soll deine Seele erreichen. Wie aber sollen sie deine Seele erreichen, wenn sie zugehängt ist, wenn die Wege dorthin verstopft sind von Schlafmützigkeit, Trägheit und Ignoranz?«

Wieder schleudert er seine Hand gegen mich, diesmal gegen mein Gesicht. Blitzartig reiße ich meinen rechten Arm nach oben, um sein Handgelenk zu greifen. Im selben Moment wird mir bewußt, er hat seinen Schlag so langsam ausgeführt, daß ich ihn abwehren kann, mit Mühe, doch ich kann ihn abwehren. Noch immer kocht mir das Blut in den Adern, und so fest ich kann, drücke ich zu. Wir drücken unsere Arme gegeneinander, und ich spüre seine unglaubliche Kraft. Langsam läßt er nach, ich schubse ihn zurück. Er lacht und schaut dabei in mein verstörtes Gesicht. Er greift nach der Kelle, läßt den seltsamen Brei, der heute etwas angebrannt riecht, in meine Schüssel klecksen und wünscht mir einen guten Appetit.

2

Vorsichtig streckt der alte Hengst seinen Kopf aus dem Fenster der Box, um mit weichen Lippen das kleine Apfelstückchen von meiner flachen Hand zu klauben. Seine Lippen sind grau, mit einem kleinen, rosafarbenen Fleck unter der linken Nüster. Das ganze Pferd aber ist silbrigglänzend weiß. Seine freundlichen Augen sind zumeist verdeckt von dem langen, feinen Behang. Er scheint ganz und gar aufzugehen in jener Ruhe und Würde, die die alten, erfahrenen Hengste auszeichnen. Alles an ihm trägt die charakteristischen Merkmale eines reinen spanischen Pferdes. Nur die vergleichsweise geringe Körpergröße weist darauf hin, daß es sich bei ihm um eine Kreuzung handelt.

Der Alte spricht von seinem Pferd wie von einer Fabelgestalt. Hört man ihn reden, dann mag man nicht glauben, daß jenes Wesen, über das er da spricht, wirklich und wahrhaftig lebendig ist. Und eben diesen Schleier des Irrealen, diesen Mantel des Zauberhaften, den die Worte des Alten in seiner Gedankenwelt um den Hengst legen – diese glitzernde Aura glaubt man dann in der Tat zu spüren, wenn man neben diesem Pferd steht. Wenn ich den Alten im Garten oder im

Haus oder in der alten Kapelle weiß, dann bin ich oft hier, bei diesem Hengst. Der Alte mag das nicht, und wenn ich einmal verträumt die Zeit vergesse und er mich noch hier antrifft zur Fütterungsstunde, dann legen sich sofort scharfe Züge in sein Gesicht. Er ist dann barsch und ungehalten, obgleich er es mir nie wirklich verboten hat. Womöglich empfindet er eine gewisse Scham, benimmt er sich doch wie ein eifersüchtiger Knabe. Auch wenn alle Arbeit des Tages getan ist, in solchen Momenten findet er ganz bestimmt etwas, das er mir auftragen kann. Ich ziehe mich dann freundlich zurück und zeige ihm nicht meinen Neid um dieses unbeschreiblich schöne Wesen.

Das Areal des kleinen Hauses geht ohne feste Grenzen in die Weite der Natur, der Berge und des Horizontes über. Die alten Steine, die einst den Garten begrenzten, sind schon lange von der wuchernden Natur verschlungen. Fast jeden Winkel und jeden Strauch in der Umgebung kenne ich. Der Zaun aber, aus Pfählen, Ästen und feinen Stämmen gebaut, der den Bereich des Pferdes markiert und eingrenzt, ist bis heute für mich ein unüberwindlicher Wall geblieben.

Ich warte, ich warte einfach ab, ohne zu wissen worauf. Und das Feuer meiner Hoffnung, es kostet mich viel Kraft und Mühe, es wenigstens von Zeit zu Zeit wieder aufflackern zu lassen. Noch immer kann ich nicht sagen, warum ich denn eigentlich hier bin. Noch immer habe ich das Gefühl, daß ich nicht im mindesten auf jener Spur weitergekommen bin, die mich hierher geführt hat, und dennoch will ich bleiben. Es ist nicht einmal so sehr das Wollen, es ist eher so etwas wie ein Zustand, der in mir ist – scheinbar unausweichlich und entgegen jeder Vernunft. Einen Zustand, so undefinierbar wie diesen, habe ich noch niemals in meinem Leben zuvor erfahren. Und das Seltsamste daran ist, daß ich ihn nicht benennen und nicht greifen kann.

Eine wirkliche Stütze sind die wenigen Gespräche, die wir gelegentlich miteinander führen. Und nicht selten sogar entwickeln sich daraus unerwartete und spannende Diskussionen. Und so unterschiedlich ihre Ausgangspunkte auch sind, so laufen sie doch in dieser Zeit immer wieder auf das eine hinaus: den Zustand, in dem ich mich im Augenblick befinde, müsse ich unbedingt und so schnell wie möglich überwinden. Zuvor könne nichts geschehen, aber auch gar nichts. Woher er denn diese Sicherheit nehmen würde, frage ich zuletzt und leicht gereizt, das so zweifelsfrei beurteilen zu können, und ob das denn der richtige Weg sei, mich niederzuschlagen und nichts weiter zu tun, als mir immer mehr meines Lebensmutes zu nehmen.

»Ich weiß eben«, antwortet er schließlich in dem ihm eigenen ruhigen und zurückhaltenden Ton, »daß morgen die Sonne aufgehen wird. Und auch wenn sich die dicksten Wolken sammeln am Himmel und ich sie verfluchte und zum Teufel wünschte – der Sonne ist das ziemlich gleich. Ihr kann keine Wolke etwas von ihrem strahlenden Licht nehmen, genausowenig wie ich dir etwas von deinem Mut nehmen könnte. Der Nacht hingegen kann ich sehr wohl zeigen, daß da kein Licht, und dir, daß da kein Mut ist.«

»Also bitte, also gut! Gehen wir einmal davon aus, daß du recht hast. Was denn kann ich tun? Kann ich überhaupt etwas tun, deiner Meinung nach?«

Jetzt macht er eine lange Pause, und seine Gesichtszüge verändern sich. Sie sind jetzt von einer Sanftheit, wie ich sie bei ihm noch nie zuvor gesehen habe. Nachdem er etwas Holz in das Feuer gelegt hat, sagt er:

»Ich werde mich etwas zurückziehen. Wir treffen uns hier um acht Uhr wieder. An den kommenden drei Abenden will ich versuchen, dir dabei behilflich zu sein, eine erste Antwort auf deine Frage zu finden.«

3

Die drei Abende, die kommen sollten, unterschieden sich von allen anderen, die ich bislang hier oben in den Bergen zusammen mit dem Alten erlebt hatte, und mehr noch von denen, die ihnen folgen sollten. Wir saßen bis tief in die Nacht hinein am Feuer des Kamins, und der Alte erzählte beinahe ohne Pausen und Unterbrechungen. Gemächlich und kraftvoll, gleich einem breiten Strom, zeichnete er ein Bild von den Grundlagen des menschlichen Seins. Ein Bild, dessen einzelne Aspekte sich immer mehr vernetzten und das sich immer mehr zu einem Ganzen verwob.

Der erste Abend

Der Alte spricht von den Bauern im Dorf, von ihrer Arbeit und ihren Gewohnheiten, er spricht von ihren Bräuchen und von ihren Häusern, von ihrer Kleidung, von dem, was sie essen und davon, wie sie ihre Suppe kochen, im Sommer und im Winter.

Ich lehne an den warmen Steinen des Kamins und schweige die ganze Zeit. Ich schaue auf den Alten und vergesse an diesen Abenden alles. Ich vergesse, warum ich gekommen bin, und ich vergesse die Zeit, die war und wohl auch jene, die kommen sollte, von der eine düstere Ahnung mich dann und wann ergreift. Jetzt sehe ich die Weichheit seines Gesichtes und die Schönheit seiner Züge. Und die Wärme seines Wesens, wenn er von den Menschen hier oben spricht, von den Menschen, denen er sich zutiefst verbunden fühlt, so wenig er sie auch sieht.

Er lehrte mich, indem er sich verband mit seiner Zeit und seinem Sein, mit seinem Leben und seiner Umgebung. Die Worte waren wie ein Gerüst, das erst beladen wurde mit den Inhalten, die er mir in aller Sorgfalt übermitteln wollte. Das, was zwischen seinen Worten und den kurzen Pausen mitschwang und vibrierte – diese Bilder und Schwingungen waren es, die noch lange in mir lebendig blieben und die mich über viele Wochen und Monate, über jene Zeit der Entbehrung hinüberretten sollten.

Aus der ganzen Fülle seines Denkens sind mir einzelne seiner Sätze wie scharfe Splitter in Erinnerung. Und greife ich von Zeit zu Zeit nach ihnen, dann entsteht in mir wieder jenes Gefühl, das mich vor Jahren an diesen Abenden ergriff. Das mich geradezu hineinzog in das Leben der Menschen hier, das einfach, hart und auch heute noch authentisch ist. Die Erfahrungen des Alten konnten niemals meine eigenen werden, doch so, wie er sie in diesen Tagen aufs neue entstehen ließ, war es, als würde ich sie unmittelbar erfühlen. Ein Verständnis für diese Kultur und für das Wesen der Menschen wuchs in mir, so daß ich fortan alles um mich herum mit anderen Augen, ja, ein Stück weit mit ihren Augen sehen sollte.

Und immer wieder fanden seine Beschreibungen eine Brücke in meine Zeit und in meine Welt, eine Brücke zu Erfahrungen, die auch in mir waren, an die ich anknüpfen, mit denen ich das vergleichen konnte, was mir an seinen Beschreibungen so exotisch, fremd und ganz weit weg erschien.

Er sprach so gut wie gar nicht über die Pferde und ihre Botschaft, denn die läge für mich im Augenblick noch ganz weit im Unerreichbaren. Wollte ich aber eines Tages auch nur in ihre Nähe gelangen, wollte ich diesen Weg auch nur ein kleines Stück weit zurücklegen auf den versteckten Spuren dorthin, dann müßte ich mich zuvor sehr gut vorbereiten. Die Menschen dieser Zeit, die das andere suchten, seien allzuoft wie leichtsinnige Wanderer, die mit schlechtem Schuhwerk und ohne geeignete Ausrüstung ihren Weg in den Bergen suchten und womöglich nie wieder zurückkehrten.

Im Kleinen aber finde man schon den Glanz des Großen, und nur aus der Sorgfalt um das Kleine wachse eben zum Schluß das Universum. Und schon das Kleine, betrachte man es einmal genauer, sei so viel, daß viele Menschen bereits davor zurückschrecken und schon an dieser ersten Hürde scheitern.

»Die Zeit, die die Menschen als die ihre benennen können, ist, wie du weißt, in der Geschichte des Lebens weniger als ein Augenblick. Wir alle wissen um diese Dinge und doch sollte man sich das nahezu Unglaubliche dieser Fakten immer wieder vor Augen führen. Das Alter unserer Erdkruste wird auf etwa 5 Milliarden Jahre geschätzt, in der Folge entstanden unsere Kontinente. Vor etwa zwei Milliarden Jahren entstanden

Urwesen und Pflanzen, die Wälder, die Reptilien und Vögel. Über 60 Millionen Jahre ist es her, daß die Dinosaurier von der Bildfläche der Welt verschwanden, vor etwas mehr als 20 Millionen Jahren entwickelten sich die Affen, und erst vor etwa zwei Millionen Jahren taten unsere Vorfahren ihre ersten Schritte.

Die Zerstörung der Welt aber durch jenen Menschen, den man den modernen nennt, fällt erst in unser Jahrtausend und hier in die jüngste Zeit, in wenige Jahrzehnte. Und rechnet man die Geschwindigkeit hoch, mit der sich diese fatale Entwicklung in den letzten Jahrzehnten explosionsartig beschleunigt, dann kann man, ohne ein Prophet zu sein, den baldigen Untergang der Menschheit vorhersagen. Es ist zu gespenstisch, als daß man es wirklich begreifen könnte.

Und doch, bei alledem, sehe ich auf die Welt als ein Phantast, als ein Träumer und als ein Mensch, der an die wohl unwahrscheinliche Wendung, die Rettung dieser Welt noch glaubt. Wir stehen vor einem neuen Jahrtausend, und ich wage zu behaupten, daß sich die Menschheit insgesamt in einem großen Wandlungsprozeß befindet. Viele begeben sich auf die Suche, genau wie du, auf die Suche nach jenen Wegen, die sie hinausführen mögen aus der Tristesse ihrer gewohnten Wahrnehmungen.

Doch das Leben deiner Zeit und in deiner Gesellschaft ist darauf ausgerichtet, kleine Stücke aus dem großen Kuchen des Universums einfach herauszuschneiden und die anderen schlicht zu vergessen. So sehen die Menschen die Welt wie ein Puzzle, von dem die meisten Bausteine fehlen. Und das Fatale ist, daß sie das nicht einmal als solches bemerken, sondern glauben, daß das, was sie zu sehen meinen, eben diese Welt sei.

Und ein jeder sieht nur seinen Teil, von dem er glaubt, er sei das Ganze.«

Und er beschreibt mir das Leben der alten Frauen und Männer im Dorf, ihre Aufgaben und ihre einfache, naturverbundene Sicht, die alle Erscheinungen ihrer Welt zu verbinden trachtet. Er führt meine Gedanken zu dem alten Schäfer an der westlichen Grenze des Tales, und er beschreibt mir, wie sie gemeinsam Fische fingen in den ersten Tagen des Frühlings. Mit den Händen würden sie die Fische, einen nach dem anderen, aus dem Fluß holen, um sie später zu trocknen und zu salzen.

Diese drei Tage mit dem Alten waren leicht und beinahe beschwingt. Es war wie eine Pause, wie ein kurzes Auf- und Durchatmen im Strudel der Prüfungen, in welchem ich später immer wieder zu ertrinken drohte. Und womöglich waren jene Worte des Alten in diesen Tagen dazu bestimmt, mich vor dem totalen Untergang zu retten. Jene Worte, die mir einen Sinn vermitteln sollten für ein einfaches, handgreifliches Leben und für dessen Gesetzmäßigkeiten. Und so meine ich heute, auch darin einen Teil seiner seltsamen Dramaturgie zu erkennen, die mich schließlich zu jenem führen sollte, was ich mir als Ziel einmal vorgestellt hatte und noch weit darüber hinaus. Wenn auch auf Wegen, die ich nie zu gehen bereit gewesen wäre, hätte ich zuvor schon von ihnen gewußt.

»Wenn du leben und überleben willst, in welcher Welt auch immer und in welcher Zeit, dann verlasse niemals jene Gesetze, die seit Menschengedenken wie von drei großen Säulen getragen werden. Die eine Säule ist die des Schöpferischen. Die zweite ist die des rechten Maßes. Und die dritte Säule ist die der guten Kraft.

Die Menschen heute wandeln auf Wegen, die beinahe in allem diese grundlegenden Gesetze negieren. Und so hüllen sie sich ein in ihre Bequemlichkeiten und nennen das ein Leben leben, wofür wir hier ganz andere Worte finden würden.« Und er hält jetzt einen Augenblick inne und sagt dann leiser: »Ich würde es als einen düsteren Fluch erkennen.« Er zögert etwas, dann fährt er ruhig und gleichmäßig fort: »Die Säule des Schöpferischen ist die grundlegendste von allen dreien. Womöglich kommt einmal die Zeit für dich zu erkennen, daß sie tatsächlich bis an die Grenzen des Himmels heranragt...

Der Mensch ist ein eigenartiges Wesen, symbolisiert er doch die Krönung der Schöpfung. Und dennoch scheint er keine rechte Heimat zu haben. Eines jedenfalls hat er nicht mehr, jene unmittelbare Verbindung zu den Kräften und Elementen der Natur wie die Tiere. Auf der Suche nach der Botschaft der Pferde wirst du immer wieder und oftmals auch schmerzlich an diese Grenzen gestoßen werden. Der Mensch hat in seiner Geschichte Entwicklungsprozesse durchlaufen, die seine Freiheit und seinen Aktionsraum stark erweitert haben. Die Folge jedoch ist die Loslösung von der unmittelbaren, ganz dichten Bindung an die Natur. Er kleidet sich, lebt in Hütten oder Häusern und kann ohne das Feuer nicht existieren. Seine Nahrung erhitzt er, er ernährt sich hauptsächlich von Getreide, jenem Nahrungsmittel, das er selbst kultiviert und gezüchtet hat. Ein Tier hingegen erlebt sich durch die Unmittelbarkeit seiner Welt, seiner Instinkte, also durch seine direkte Beziehung zur Natur.

Und der Mensch? Wodurch erlebt sich der Mensch?«
Ich schaue den Alten schweigend an, der jetzt mit

beiden Händen die schmalen Lehnen des Stuhles umfaßt, als er sagt:

»Du siehst mich hier in diesem Schaukelstuhl. Er ist mit Fellen belegt, nicht nur, weil er dadurch bequemer wird, sondern auch, weil sie einige kleine Fehler verbergen. Denn ich habe diesen Schaukelstuhl selbst gebaut, ihn zuvor entworfen und das Material sehr sorgsam ausgewählt. Und ich habe das getan mit einer großen inneren Kraft und Befriedigung, ich war mit meinem ganzen Wollen und mit meiner ganzen Freude daran beteiligt. Und nun also existiert ein Werk: Ich kann es präsentieren und nutzen! Es mag hier und da etwas unvollkommen sein, aber dieser Stuhl hat etwas ganz Entscheidendes, was kein anderer noch so perfekter Schaukelstuhl auf der ganzen Welt noch einmal hat: Er existiert, weil ich ihn geschaffen habe, und er existiert genau so, wie ich ihn geschaffen habe. Er existiert ganz einfach, weil ich existiere. Und würde ich nicht existieren, dann würde eben dieser Stuhl auch nicht existieren. Dieser Stuhl hat also für mich einen Wert wie kein anderer, spiegelt er doch schließlich mich selbst, mein Sein.

Denn Menschsein heißt, über einen individuellen und schöpferischen Ausdruck zu verfügen: über Entscheidungsfreiheit. Und genau diese Elemente sind es, die es uns ermöglichen, auf eine ganz eigene Weise die Kluft zu den Ursprüngen der Natur wieder zu überbrücken und damit den Abstand zu sich selbst. Nimmt nun der Mensch sich selbst diese Möglichkeiten, oder werden sie ihm genommen in einer Welt, in der die Freiheit des menschlichen Ausdrucks immer weniger wichtig scheint, dann bleibt er nicht nur entfremdet von der Natur, sondern eben auch von sich selbst. Ja, man kann sogar sagen, er hört auf, im höchsten Sinne wirklich Mensch zu sein, er degeneriert mit all den Konsequenzen für Körper und Geist und sein Handeln. Er ist verloren für und in sich selbst und in der Welt. Er ist orientierungs- und haltlos, denn er ist ohne zu sein. Er lebt, ohne sich zu erkennen und sich wahrzunehmen, er handelt wie in finsterer Nacht, ohne jemals zu erkennen, was seine Hände wirklich tun.« Und er deutet mit seiner Hand auf die Tür:

»Die Menschen unten im Tal, sie tanzen und singen, sie nähen ihre Kleider und bauen ihre Häuser, sie sticken sich Gewänder und formen ihr Geschirr aus dem Ton, den sie an den Hängen finden. Sie sprechen mit dem Feuer und legen Steine in die Berge, um sie zu markieren, und sie finden sich selbst in all dem wieder und danken Gott dafür. Persönlicher, schöpferischer Ausdruck ist nicht etwas, das der eine hat und der andere nicht, es ist das Urmenschlichste überhaupt. Es ist etwas, das jeder Mensch mit auf seinen Lebensweg bekommt, denn sonst wäre er kein Mensch! Es beginnt in der eigenen Sprache, seinem eigenen Habitus, in der schönen, freien, eleganten, kraftvollen oder weichen, runden oder harten Art seiner Bewegungen. Es ist der Klang seiner Stimme, die sich unendlich variieren läßt, und es ist sein eigener Körper, aus dem seine eigene Phantasie alles zu formen weiß. Wir hier oben sagen, daß jeder einzelne Mensch so ist wie ein Stern im Universum, leuchtend und unverwechselbar.

Der Mensch ist vielleicht das komplexeste Wesen, das diese Erde bewohnt. Seine Sinnlichkeit, sein Fühlen und Begreifen, alles das, was das Fundament dieser ersten Säule, der Säule des Schöpferischen, darstellt, ist ein ganzheitliches, filigranes, zusammenhängendes System. Es ermöglicht ihm, in einem Prozeß der ständigen Verwandlung sein eigenes Gleichgewicht zu finden und zu erhalten.«

Die ganze Zeit schien sein Blick irgendwo in der Leere außerhalb der Mauern geruht zu haben. Bei diesen Worten aber schaute er mich durchdringend an:

»Womöglich wird dir einmal bewußt, was für gewaltige Konsequenzen diese so einfach scheinenden Gesetze für die Menschheit haben. Menschliches Dasein ist ein sich ständig verändernder, lebendiger Prozeß, der auf alles im Wahrnehmungsbereich des Menschen in unglaublich feiner Weise reagieren kann und muß. Der Mensch, der wirklich lebt und nicht erstarrt ist in seinem Gefängnis aus Ängsten, Normen und dem Beton seiner Umwelt, erlebt sich in einem Feld dauernder Veränderungen, das ein Extrem braucht, um das andere zu erkennen. Ich werde die wirkliche Kraft meines Armes niemals erleben, gelingt es mir nicht, ihn zuerst einmal in ruhiger und furchtloser Atmosphäre wirklich zu entspannen. Die Haut verliert die Fähigkeit, den Körper vor Kälte und Hitze zu schützen, wenn sie nicht wirkliche Hitze und wirkliche Kälte in ihren Extrempunkten erleben kann.«

Der Alte hat sich jetzt aufgerichtet in seinem Stuhl und sich zu mir vorgebeugt. Mit fester, klarer Stimme fährt er fort:

»Da ist ein Mensch mit seinem grenzenlosen Vermögen, die Welt vielschichtig mit seiner Sinnlichkeit zu erleben, zu reflektieren und zu interpretieren! Da ist ein Mensch mit seinem feurigen, naturgegebenen Drang, allem seinen eigenen Ausdruck, sein eigenes Wesen mit Lebensfreude und Kraft gegenüberzustellen. Und für diesen Menschen, für dieses Wunder der Schöpfung, haltet ihr einen Schreibtisch, einen Meter Fließband, ein

Stück asphaltierten Weges und einige Kubikmeter einbetonierten Wohnraumes bereit! Das ist die ›Manifestation der menschlichen Unnatur‹!«

Der Alte hält inne, lehnt sich wieder zurück in seinen Schaukelstuhl und atmet langsam und tief ein:

»Und aus dieser Welt nun kommen sie heraus und wollen ›fliegen‹. Dabei müssen wir alle erst einmal lernen, das Puzzle unseres ganz einfachen Erlebens zu einem Bild zu vervollständigen. Und tun wir das, allein schon dann sehen wir Farben und Formen, von denen wir nicht einmal in unseren schönsten Träumen etwas ahnen konnten.«

Er macht jetzt eine lange Pause und schaut zu mir herüber. »Vor dir liegt jetzt der große Schritt, in diese Welt des wahrhaft schöpferischen Seins vorzudringen. Willst du die Welt der Pferde wirklich begreifen, und soll es dir gelingen, von dem, was sie uns zu sagen haben, auch nur eine Winzigkeit zu verstehen, dann mußt du in deiner eigenen Welt erst einmal ganz tief eindringen in das, was den Menschen zum Menschen gemacht hat. Denn das Pferd wird dich – ebenso wie das Leben – niemals als bloßen Körper betrachten, als bloße äußere Erscheinung, sondern immer als das, was du mit ihm ausdrückst.«

Er wünscht mir eine gute Nacht und geht. Der Raum ist leer, zwischen den dicken Steinen der Feuerstelle liegt noch ein wenig von der dunkelroten Glut. Ich nehme vorsichtig die Felle von der Sitzfläche des Schaukelstuhles und finde, daß er sehr gut gelungen ist. Ich setze mich hinein, um ihn auszuprobieren, schließe langsam meine Augen und schlafe ein.

Der zweite Abend

Wieder war es Abend geworden. Entspannt, auf einem Schemel sitzend, warte ich auf den Alten, die Schulter und den Kopf an die Kaminwand gelehnt. Ich sehe durch eines der schmalen Fenster, die nach Westen zeigen, wie sich die Sonne langsam, kaum merklich, hinter die Berge schiebt. Ein Schatten, der vorüberhuscht, unterbricht den steten Lauf der Zeit, er findet Halt auf einem schräg im Hang stehenden, den Winden abgewandten Baum.

Nachdenklich betrachte ich die dunklen, unbeweglichen Konturen eines Raubvogels vor dem goldroten Hintergrund. Was für ein magisches Wesen! Mir ist, als würde ich mit ihm fühlen, wie ab und an ein warmer Abendwind zart unter sein Gefieder fährt. Jenes Wesen dort hat die Gabe, auf dem mir Unsichtbaren fortzugleiten: Ich kann nicht leugnen, daß dies mich mit Neid erfüllt. Was sind für ihn denn schon die Grenzen dieser Welt? Ein wenig senkt er jetzt den Kopf und verharrt einen Augenblick in dieser Stellung. Mir scheint, als suche er ein neues Ziel. Ob dies ihn wirklich interessiert? Oder ist es nur ein Grund, um mit den Winden und den Höhen und der Freiheit und der Zeit und dem Leben einfach so zu spielen? Er beugt sich etwas nach vorne, die Spitzen seiner Flügel öffnen sich in einem feinen Bogen. Er löst seine Krallen, und wieder fühle ich mit ihm: Wie er ihn trägt, der Wind, ganz sanft und warm – und jetzt erheben sie sich über seinen Kopf, die mächtigen, grauweißen Flügel. Sie drücken sich noch einmal abwärts, und einer Welle gleich schieben sie sich noch einmal hoch, um dann, für eine kleine Ewigkeit, in Ruhe zu verharren. Nur noch ein wenig bewegen sich die Schwingen, und wie er abwärts schaut und dabei immer höher gleitet, da hört er den Wind nur noch, den er zerschneidet, und seine Flügel sind jetzt endlos groß und weit.

»Nichts an ihm ist Zufall und seine Gabe, durch den Raum und durch die Zeit zu gleiten – es ist doch nichts weiter als die Summe kleinster Zuordnungen. So ist die unendliche Grenzenlosigkeit der Natur eine Vollendung in der Kunst, sich auf das Kleinste zu beschränken und in diesem zu verharren und aus diesem zu schöpfen, denn je kleiner und einfacher das Prinzip, desto grenzenloser die Mannigfaltigkeit der Formen. Da, wo nichts ist, kann alles sein, da wo wenig ist, kann schwerlich Großes wachsen.«

Der Alte hat sich unbemerkt neben mich gesetzt. Und er spricht so leise und vorsichtig, daß ich meinen Blick nicht abwende und immer noch den Vogel sehe, wie das Licht der untergehenden Sonne ihn nach und nach verschluckt.

»Habe ich das einmal erfühlt, als Wesen, als Mensch, dann erst hat der zweite Schritt auch Aussicht auf Erfolg: nämlich sich diesem urgewaltigen Sein in seinem Wirken und Handeln anzugleichen und durch den Raum und durch die Zeit zu schweben. Doch davor steht alles das, was die zweite Säule trägt. Steht alles das, worauf die Menschen heute pfeifen. Es ist die Einheit der Natur, es ist ›das rechte Maß‹.

Durch das mittlere der drei Fenster siehst du die Sonne – wie sie nach Westen zu in den Bergen versinkt. Der kleine Spalt dort oben in dem Giebel auf der anderen Seite wirft einen Streifen auf die runde Wand, der sich mit dem Wandel der Morgensonne langsam verschiebt und mir auf diese Weise auch hier drinnen den

Weg der Sonne zeigt. Die Außenwände zeigen ganz exakt die Himmelsrichtungen, und da, wo sich bestimmte Linien kreuzen und sich zu einem Kreis verbinden lassen, da sitzen wir, hier vor dem Kamin.«

Langsam steht er auf, geht zu den Fenstern und legt seinen Arm in eine der Nischen.

»Die Fenster sind so schmal wie die Spanne meines Unterarms und genau dreimal so hoch. Und drei von diesen Fenstern siehst du hier, und wenn du auf den Boden schaust, erkennst du, wie das Licht der Sonne wechselt mit dem Schatten, wie das Blaue neben dem Roten liegt und den Raum jetzt formt, ihm Rhythmus gibt im Sinne der Natur – im Sinne des rechten Maßes.

So formten ›die Alten‹ jene großartigen Bauten, vor denen wir heute staunend stehen und deren Geheimnissen doch kein Computerprogramm der Welt nachzuspüren vermag. Die Kathedralen, die Pyramiden, die versunkenen Städte der Inkakultur: Was gibt es hier nicht alles aufzuzählen! Niemand vermag heute nachzuvollziehen, welche geistigen Grundlagen zu ihrer Entstehung führten: zu den Tempelanlagen alter Völker, zu den Kultplätzen der Kelten – errichtet schon lange vor ihrer Zeit, vor vielen tausend Jahren. So künden die gewaltigen steinernen Monumente von einem Verständnis der Dinge und der Welt und ihrer wahren Gesetze, die den Menschen heute noch erschaudern lassen. Hier zeigt es sich aufs wunderbarste, das Wesen und Geheimnis der zweiten Säule – der Säule des rechten Maßes.«

Ruhig nimmt er Platz, der Alte, in dem fellbezogenen Schaukelstuhl und führt mich mit seinen Beschreibungen durch sein Haus, öffnet mir das Rätsel einer jeden Form, wie Licht und Maß und Rhythmus, entnommen aus den einfachsten Prinzipien der Natur, die Grundlage allen Wirkens sind. Er schlägt einen Bogen zur Musik, erklärt mir Form, Takt und Rhythmus und spricht von Rhythmen der Naturvölker, die ganz ähnlich klingen, obschon sie sich viele tausend Kilometer voneinander entfernt entwickelt haben.

»Denn in der Natur findet sich in allem das rechte Maß. Und das rechte Maß bildet die rechte Form – und wenn die Menschen früher die Natur veränderten, um sich Häuser zu bauen und Tempel, Plätze, Gärten und Wälle, so sahen sie nicht zuallererst die bloße Funktion, sondern sie sahen die Natur und verkörperten in allem, was sie taten, ihre Prinzipien. Und gehst du in ein solches Haus, in ein solches Gebäude, dann erkennst du, dann spürst du die Demut vor der Schöpfung, dann kann alles in dir schwingen, denn deine eigene Natur findet sich wieder – in allem. Darum sind solche Häuser Räume des Lebens und der Liebe. Jene aber, die wir heute bauen, sind Räume der Krankheit und des Todes und der Depressionen. Und so oft du auch ›fliegen‹ willst – um dich herum ist Finsternis – und so du nicht zuerst die Grundlage schaffst und um das rechte Maß dich sorgst, wird alles Bemühen im Sande und in der Verzweiflung enden.

Das rechte Maß aber findest du in allem: In der Art, dich zu bewegen, in der Art, wie du atmest, wie du gehst, wie du stehst, in dem Verhältnis von Körper und Geist, von Ruhen und Wachen, von Handeln und Geschehenlassen, von Geben und Nehmen – in der Fülle und in der Leere, in der Spannung und in der Entspannung. Denn das rechte Maß ist eine Vorgabe der Natur, und sie ist absolut verbindlich, wenn du dich nach dem Licht und nach dem Leben ausrichten willst. Darum sorge zuallererst für diese Ordnung der Natur in dir!

Das rechte Maß einzuhalten heißt, im Gleichgewicht zu sein, in Harmonie. Das heißt, sich den Kräften des Wachsens zuzuordnen. Und das Pferd? Ist es nicht ein Symbol für eben dieses auf der ganzen Welt?«

Der Alte legt vorsichtig etwas Holz auf das Feuer – und ich erkenne die Feinheit seiner Bewegungen und das Ebenmaß in seiner Handlung. Nach einer ganzen Weile sagt er noch:

»Aber das alles kannst du nicht lernen, das kannst du nur fühlen. Du kannst es sein und es leben, so wie eben jener Vogel die Grenzen des Wunderbaren zu durchbrechen scheint. Und so die Mathematiker in den Bauwerken der Jahrtausende das Komplizierte erkennen wollen und sich immer weiter versteigen und weiter entfernen von den Geheimnissen, die sie suchen, so entfernen sich die Menschen von dem rechten Maß, indem sie es mit ihrem Verstand zu ergründen trachten. Und bevor du dich in deinen Gedanken und in deinen Zielen den Pferden zuwendest, jenen Wesen, die in sich die Vollendung des rechten Maßes tragen, betrachte die Gesamtheit der Natur. Und versuche zu erspüren, wie sie ihre Formen und ihre Wesen hervorbringt. Wie sie einfach das eine durch das andere entstehen läßt. Und so suche und finde zuerst dein Urteil in allem, was dich umgibt, damit du frei wirst und das in dir wirken kann, was Natur ist. Denn dann erst wirkst du in ihrem Sinn und lebst, formst und handelst im rechten Maß.«

Am folgenden Tag empfand ich beinahe so etwas wie Geborgenheit, so etwas wie Zufriedenheit und Glück. Das vorsichtige Miteinander kultivierte sich in diesen drei Tagen, und von jenem Bruch, der sich dann schon an dem Morgen des nächsten Tages vollziehen sollte – von diesem Bruch war der heutige Tag noch unendlich weit entfernt.

Der dritte Abend

In allem Sein, Denken und Handeln finde der Mensch die Gesetzmäßigkeiten des Schöpferischen, des rechten Maßes und der guten Kraft. Ihre Einflüsse, so der Alte, würden sich durchdringen und das Spektrum des menschlichen Seins demjenigen eröffnen, der sich ihnen intuitiv und mit seiner ihm gegebenen Vernunft öffne.

»Beachtest du nur einen Teil, so ist es doch so, als würdest du gar nichts von allem beachten. Erst, wenn du das Ganze in dir und in allem, was um dich herum ist, erfühlst und erkennst, dann erst kann jeder einzelne noch so kleine Teil wirken.«

Fehle einer, so würden auch die anderen nicht greifen. Das aber sei es, so der Alte, was er immer wieder beobachten würde in der Welt: Daß die Menschen den Dingen nicht wirklich auf den Grund gingen und ihre womöglich guten Ansätze schon zu Beginn wie in einem Sumpf steckenblieben. Sie würden eben nicht tief genug in das Wesentliche hineindringen, und sie verlören dadurch das Ganze immer wieder aus den Augen.

»Die Säule der guten Kraft heißt eigentlich die Säule der Urkraft – denn Kraft, Energie kann in ihrem Entstehen nicht gut oder schlecht sein, sie existiert einfach.

Doch ebenso wie es Licht gibt, gibt es Schatten, wie

den Tag, die Nacht, es gibt Sommer und Winter, Hitze und Kälte. Leben und Tod. Und doch haben diese polaren Erscheinungen ein- und denselben Ursprung. Die Kraft eines Magneten, seine Pole, entspringen sie nicht ein- und derselben Energie? Und wachsen mit dieser Energie nicht beide Pole in genau derselben Weise? Ebenso verhält es sich mit jener Energie, mit jener Kraft, die die Gewaltigkeit des Universums und mit ihm die Menschen existieren läßt.

So sind Kraft und Energie zunächst etwas, das allem Sein und Wirken zugrunde liegt – und doch vermögen sie Licht oder Schatten zu sein, Leben oder Sterben. Und der Mensch hält es als einziges Wesen dieser Welt in seinen Händen, sich dem einen oder anderen zuzuwenden.

Der Tragweite dieser menschlichen Freiheit scheint sich heute kaum jemand mehr bewußt zu sein. Ja, es scheint den Menschen heute beinahe gänzlich der Sinn dafür verloren gegangen zu sein, überhaupt die Existenz dieser beiden Qualitäten zu erspüren. Und unfähig, das eine von dem anderen zu unterscheiden, wählen sie allzu oft das Einfache – das Grenzenlose – wählen sie den Weg der Hölle!

Diese Säule, die Säule der guten Kraft, ist jene, die dich – so du deinen Weg weiter verfolgst – am dichtesten umgibt und dich immer wieder vor neue Herausforderungen stellt.

Hast du einmal eine Klippe der anderen beiden Säulen erklommen, sie gemeistert, so liegt sie hinter dir, und sie dient dir jetzt wie ein gutes Fundament. Ganz anders aber ist es mit der Säule der guten Kraft. Sie mußt du immer wieder von neuem bezwingen und Klippe um Klippe neu überwinden. Und liegt erst eine

Klippe hinter dir, dann folgt schon die nächste, und sie ist größer und gefahrvoller als alle vorherigen.«

Ich sah sein Gesicht, das ernst zu mir herüberschaute. Seine Worte wirkten fast bedrohlich, so daß ich erst ein wenig stockte, ehe ich die Frage herausbrachte, die mir auf der Zunge lag:

»Und was geschieht, wenn ich über eine solche Klippe stürze?«

Er sagte nachdenklich: »Wenn du Glück hast, dann verlierst du ein paar Monate oder Jahre deines Lebens, und du mußt einen großen Umweg gehen, um schließlich wieder dorthin zu gelangen, wo du einmal warst. Und was du gelernt hast auf dieser Reise, das wird dir Warnung sein und Lehre für alles das, was kommt.«

»Und wenn ich kein Glück habe?«

»Wenn du kein Glück hast, dann verlierst du im besten Falle dein Leben.«

»Und im schlechten Falle?«

»Verlierst du deine Seele, und du bist gezwungen, weiter zu leben – ein Leben in der Hölle!«

Es entstand eine lange Pause. Dann sprach der Alte weiter:

»Aber es ist jetzt noch nicht die Zeit, daß wir uns darüber unterhalten können. Du wirst diese Energien erspüren, benennen können, wenn die Zeit dazu gekommen ist. Denn wer sich auf den Weg gemacht hat, nimmt es auf sich, ihnen bewußt zu begegnen. Das, wovon ich spreche, ist da – überall und allenthalben. Der aber, der ihr bei klarem Bewußtsein begegnet, der erkennt all ihre Macht und Kraft, aber auch ihre Schrecken, ihre Grimassen und ihre heimtückische Grausamkeit. Hier wird der Weg der Prüfungen steinig und hart. Und je sicherer sich einer fühlt, um so näher befindet er sich schon an der nächsten großen Klippe.«

»Kann man sich schützen?« fragte ich.

Er schaute lange in die Flammen, ohne ein Wort zu sprechen.

»Wichtig ist, daß du stark wirst, das allein ist wichtig – und daß du wachsam bist und deine Wachsamkeit stetig schulst. Das ist das Allerwichtigste!

Die Säule der guten Kraft kann dich auf den einzigen Weg führen, den ein Mensch gehen sollte, und sie kann dich weit führen, sehr weit. Aber alles das beginnt mit dem, was du vor dir siehst, mit allem Sichtbaren und Unsichtbaren deiner Umgebung. Und bevor du dich dem Entfernten zuwendest, auch den Pferden und ihren Geheimnissen, solltest du in dem Einfachen um dich herum unterscheiden lernen, was gute Kraft ist und was nicht.

Es gehört nicht viel Phantasie dazu, sich vorzustellen, wie die Kraft der Natur wirkt, denn ihr ist es gegeben, sich immer und unter allen Umständen dem Leben zuzuwenden. Sie handelt wie einem einzigen Strom folgend, in ihr zeigt sich das Schöne, die Harmonie – sie vollendet in paradiesischer Pracht und Fülle. Laß dich durch sie leiten! Sie tut das eine, weil in ihr das andere steckt. Die Menschen tun das andere, obwohl in ihnen das eine steckt! Sie haben die Wahl – und wählen von beidem, wie es ihnen beliebt. In der Natur der Pferde liegt es, beides auf das feinste zu unterscheiden, und sie werden dich richten in jeder Sekunde, wo du deinen Blick hinwendest zum Schatten.«

»Wenn die Natur im Guten wirkt, wie erkenne ich dann ihre Schatten?«

»Schau dich einfach um – in allem spürst du, was die

Natur tut und was sie läßt. Dieses Haus steht an einer Stelle, an der einst die Wölfe lagerten. Solche Lagerstellen gab es viele. Wählten die Alten eine solche Stelle, um dort ihr Haus zu errichten, dann wußten sie um die gute Kraft, die diesem Boden innewohnt. Die Lage zum See ist nicht zufällig, und auch die Schlafräume sind nicht zufällig nach Norden gerichtet. Die Farben der Decken und Wände sind gelb, braun und weiß und von ganz bestimmten Schattierungen. Die Menschen hier werden alt, so sie nicht durch eine der vielen Gefahren ums Leben kommen. Und sie werden alt auf eine Art und Weise, die sie wirklich würdig sterben läßt, denn ihre Lebenskräfte behalten sie bis zum Schluß. Sie errichten Monolithe und Steintürme in den Höfen und Gärten oder auf ihren Feldern. Und das hat mit Aberglauben nichts zu tun, sondern mit der Gewißheit, die Energien und Kräfte der Erde zu nutzen, um der ganzen Gewalt und Unerbittlichkeit dieser Natur gewachsen zu sein. Diese Menschen wollen leben und können nur leben, wenn sie alle zur Verfügung stehenden Quellen der guten Kräfte nutzen. Hier bei uns siehst du, daß wir mit dem Feuer fast so etwas wie eine Einheit bilden und daß unsere Nahrung einen Großteil der Zeit mit ihm in Berührung ist.

Wie immer auch moderne Vorschriften der menschlichen Ernährung aussehen mögen, sie haben eines gemeinsam: Sie betrachten nur ein winziges Detail und glauben, daraus das Ganze ableiten zu können. Anstatt den Weg zu gehen, den die Menschen Jahrtausende vor uns gegangen sind! Denn diese sahen zuerst immer nur das Ganze und nahmen daraus die Teile, die dann von der guten Kraft des Ganzen beseelt waren.«

Und so schildert der Alte, wie sich die Menschen in allen Teilen der Welt vor Jahrhunderten, vor Jahrtausenden unterschiedlich ernährt hatten: Die einen lebten von der Jagd, die anderen von dem, was sie sammelten. Die Eskimos lebten vom Fisch, andere Völker hauptsächlich von den Früchten des Regenwaldes und wieder andere von ihren Viehherden. Alle aber kannten eines nicht – jene sogenannten Wohlstandskrankheiten, wie sie heute die Menschheit plagen. Sie waren widerstandskräftig und trotzten allen Einflüssen der Natur. Sie alle hatten etwas gemeinsam: Sie kannten die ungeschriebenen Gesetze ihrer Vorfahren, die der Alte die »Säule der guten Kraft« nennt.

Stunde um Stunde vertiefen wir uns in jene Rituale, denen zufolge die Menschen hier ihre Nahrung zubereiten – so wie vor Jahrhunderten. Über jedes einzelne Detail weiß er lange und vieles zu berichten: für welches Organ es nützlich sei und in welcher Form. Er spricht ganz ausführlich über die richtige Zubereitung des Getreides, über die Form der Töpfe, über die Eigenschaften von Bohnen oder von Wurzeln. Er spricht über die vorsichtige Zubereitung von Gemüse und von der einfachen, fleischlosen Kost der Mönche und ihrer Wirkung auf den Geist. Er beendet schließlich den Abend mit den Worten:

»Nun habe ich dir alles gesagt, was meine Aufgabe war, dir zu sagen in dieser Zeit. Was du davon vernommen hast und was nicht, was von alledem wahr wird in dir, das liegt in deinem Ermessen und nicht in meinem. Hüte dich vor der Finsternis – sie ist kein Gegner, dem du im offenen Kampf begegnen kannst. Ihre Waffen sind versteckt – sie wirkt im Verborgenen. Sie ist ein Meister im Verkleiden. Ihr zu entkommen, haben viele

Menschen verlernt, obwohl ihre Wirkungen zu keiner Zeit deutlicher zutage traten als heute. Sie nimmt das Leben und das Feuer und das Blut. Und sie raubt der Seele das Wichtigste – die Fähigkeit zu lieben. Tu, was du tun mußt und was du tun willst. Geh deiner Wege und störe mich nicht. Suche in allem das Schöpferische, wirke im Sinn des rechten Maßes und wähle den Weg der guten Kraft, denn nur dies wird dich am Leben erhalten. Aber frage mich nie wieder nach den Pferden, solange du nicht einen Hauch dessen in dir zur Blüte gebracht hast, von dem ich dir an diesen drei Abenden berichtet habe.«

Er steht auf, schiebt den Schaukelstuhl zurück und geht – ohne ein Wort des Grußes. Mich fröstelt – und ich vernehme tief in mir die ersten Zeichen jener grauenvollen Zeit, die vor mir liegt.

4

Die Tage vergehen, die Wochen und die Monate. Und nichts ist da, das es zu berichten gäbe. Nicht, daß ich nicht versucht hätte, die Lehren des Alten, die mir wirklich bedeutungsvoll und wichtig erschienen, in die Abläufe der Tage einfließen zu lassen. Ganz im Gegenteil – anfangs suchte ich all das in jedem Winkel – ich erforschte Formen und Farben, um ihrem tieferen Sinn nachzuspüren – aß ausdauernd jenen Brei und war eifrigst bemüht, in der Gleichförmigkeit der Tage jenen Rhythmus zu finden, der wohl dem rechten Maß entsprechen mochte. Doch was von alledem blieb, war nichts weiter als die öde Monotonie einer Zeit, der ich wie zwanghaft verschrieben schien, ohne auch nur die geringste Bedeutung in ihr zu finden. Der Kontakt zu dem Alten war seit jenem Abend praktisch abgebrochen. Ich sitze seit Monaten hier oben auf diesem gottverlassenen Berg – verlassen von allem – und verlassen auch von mir.

Eine zähe, dumpfe Glocke der Gleichgültigkeit hat sich immer drückender über mich gelegt. Und wären da nicht wenigstens die seltenen Eruptionen blanker Wut ob der Gleichgültigkeit des Alten mir gegenüber gewesen – ich hätte gezweifelt, überhaupt noch am Leben zu sein. Ich lache nicht mehr, ich weine nicht mehr. Wie eine geistlose Hülle folge ich den wenigen Anforderungen des Tages, und ich hoffe nur noch auf eines: auf die Kraft und den Willen, diesen Ort wieder verlassen zu können, weg zu können. Was ist es bloß, das mich so an ihn zu ketten scheint?

Gab es anfangs noch Momente der Kraft, so war ich jetzt nur noch matt und erschöpft. Gestern lag ich apathisch den ganzen Tag an der Biegung des kleinen Flusses und dachte nur: »Jetzt mußt du sterben«, und mir war, als wäre ich gestorben.

Die nächste Welle aufkommender Wut will ich nutzen, um zu gehen. Ich muß gehen! Ich werde zu dem Alten gehen und ihm sagen, daß ich einfach verzweifelt bin von diesem ganzen Theater. Ich werde zu ihm gehen – heute noch!

Ich habe meinen Kopf in die Hände gestützt. Bei allem hier, all der Verzweiflung und all der Schwäche und der Leere, ist mein Gespür für den Raum und für alles, was mich umgibt, nahezu wunderbar fein geworden. Und so spüre ich, daß der Alte in der Nähe ist. Und ich atme tief durch, und ich erwarte ihn jeden Augenblick. Ich nehme den Kopf von meinen Händen und schaue ins Tal. Langsamen Schrittes kommt er näher, direkt auf mich zu, so, als erwarte er geradezu, daß ich etwas sagen würde. Und als er nur noch wenige Schritte von mir entfernt ist, fühle ich, wie sich meine Lippen öffnen und ich sage:

»Ich muß mit dir sprechen. Es ist wichtig.«

»Sag es mir heute abend, wenn du willst. Dann haben wir Zeit. Ich muß hinunterfahren ins Dorf, und ich wünsche, daß du mich begleitest.«

Was will er? Was spielt er für ein Spiel mit mir? Wir sind nie zusammen ins Dorf gefahren – und jetzt, wo ich einen Entschluß gefaßt habe ... Ich lege meinen Kopf wieder in meine Hände. Der Alte wartet auf meine Antwort. Immerhin, denke ich, ins Dorf fahren! Wie lange habe ich keine Menschen mehr außer dem Mönch gesehen? Ich schaue ihn an:

»Wünschst du, daß ich mir einen Schlips umbinde zur Feier des Tages?«

Und wie er so dasteht und nichts sagt, da tut es mir schon wieder leid, das gesagt zu haben.

Wir sitzen schweigend nebeneinander. Die Sonne scheint. Wir kommen in bewohntere Gegenden. Die Straße wird besser. Ich schaue einfach hinaus, meine Hand in den Wind gehängt. Zum Reden habe ich keine Lust. Meine Augen halb geschlossen, lasse ich die Welt, die Sonne, die Düfte an mir vorbeiziehen. Eine Frau, ein Mädchen – mein Gott, da war eine Frau! Himmel – die gibt es ja auch noch auf der Welt! Den Alten neben mir nehme ich gar nicht mehr wahr. So, als sei ich an einem anderen Ort, versuche ich mir vorzustellen, wie sie riecht, wie es wäre, mit ihr zu sprechen, ihre Haare zu fühlen, ihre Haut und ihre Lippen zu berühren, in ihren

Armen zu liegen, ganz sanft ihre Brust zu streicheln – mein Gesicht einzugraben in ihren nackten Schoß.

Das Geräusch des Autos und der Straße höre ich nur noch aus weiter Ferne, als sei mein Sein und mein Denken gänzlich losgelöst von jenem leblosen Körper, der neben einem alten Mann in einem alten Jeep durch ein kleines Dorf gefahren wird. Dann schießt es wie ein Blitz durch meine Glieder. Ich höre leise nur die Worte des Mönches. Als hätte ein offenes Stromkabel mich berührt, reißt es mich in die Welt zurück. Ich vergesse mit einem Schlag den Brei, die ganze öde Zeit und auch das Mädchen:

»Ich habe ein Pferd für dich!«

»Du hast ein Pferd für mich?«

»Ja, einen Hengst. Er kam mit einem Transport von anderen Pferden aus dem Süden. Er war schrecklich zugerichtet. Sie haben ihn in den letzten Tagen gepflegt, jetzt ist er soweit, daß wir ihn hinaufholen können. Ein verdammt armes Wesen.«

»Ein verdammt armes Wesen? Warum?«

»Du wirst schon sehen.«

Wir fahren weiter, und so, als sei die Zeit zuvor nicht gewesen, fiebere ich diesem Pferd entgegen. Der Weg führt durch holprige, kleine Gassen. Angekommen. Ein kleiner, hutzeliger Mann öffnet die Tür. Sie sprechen einige Worte in ihrem Dialekt, den ich nicht verstehe.

»Komm mit!«

Wir gehen durch einen dunklen Hof. Die Sonne blendet stark. In der Ferne erkenne ich eine Silhouette: etwas Schwarzes, Schwaches, Knochiges, den Kopf gesenkt, steht es da. Nein! Das kann es doch nicht sein! Wir gehen auf dieses Wesen zu. Immer warte ich darauf, daß ein erlösender Satz kommt, wie:

»Dieser hier ist es natürlich nicht, keine Angst! Wir müssen noch etwas weitergehen, dein Pferd steht dahinten.«

Statt dessen sagt der Alte mit einem Hauch von Stolz in der Stimme:

»Er ist ein echter Valenciano!«

Mir kommen wieder der Brei in den Sinn und die öden Monate und das Mädchen – ja, das Mädchen. Und ich bemerke die Schweißperlen auf meiner Stirn. Die Welt dreht sich ohne dich, sie dreht sich ohne dich, denke ich, alles muß ein Traum sein!

»So«, sage ich leise, »ein echter Valenciano. Ich dachte schon, es wäre ein echter Sancho Pansa.«

Ich gehe einen Schritt auf den Hengst zu, den ich noch immer nur mehr im Gegenlicht der Sonne wie einen Scherenschnitt erkenne. Ich springe zurück, mit einem Satz – das wenigstens hatte ich gelernt in den Bergen – die beiden Alten über den Haufen rennend: Kaum, daß ich mich dem Pferd näherte, sprang es mit gefletschten Zähnen auf mich zu – und krachte im nächsten Augenblick gegen die Brüstung aus Holz und Eisenstangen.

»Er hat zwei Menschen getötet, eine Stute und ein Fohlen. Ich sagte dir doch, er ist ein echter Valenciano – ein Teufelskerl – und ein Trauerspiel sein Leben.«

Ich wollte nur noch schlafen. Auch auf dem Rückweg sprachen wir kein Wort miteinander. Schnell war das Futter ausgeladen, die Tiere versorgt. Ich schlief ein – wachte auf in der Nacht, das Licht brannte – alle meine Kleider noch am Leib. Ich zog mich aus und erwachte erst spät am Morgen. Die Sonne stand hoch am Himmel – und im Garten ein Pferd. Mein Pferd! Ein echter Valenciano!

5

Den Alten hatte ich den ganzen Tag nicht gesehen. Ich hatte Kopfschmerzen, und mein ganzer Körper, vor allem mein Hals, fühlte sich steif und unbeweglich an. Eine alte Pferdedecke hatte ich auf einen flachen, aus dem Boden ragenden Felsbrocken gelegt, um von hier aus hinunterschauen zu können in den Garten. Sie müssen es wohl heute morgen schon in aller Frühe hier heraufgebracht haben – mein Pferd.

Die frühe Nachmittagssonne sticht scharf auf die südliche Flanke des Hauses, vor der ein kleiner Garten liegt, von einem Steinwall begrenzt. An jenen Stellen, an denen das Mäuerchen verfallen ist, haben sie provisorisch einige Bretter, Latten und Stangen angebracht – so war eben fürs erste für das Pferd gesorgt. Der spärliche Bewuchs des ausgetrockneten Bodens regte das Pferd wohl an, das wenige Grün hier und dort anzuknabbern, als Futter aber konnte es ihm nicht dienen. Darum brachte ich ihm einen großen Eimer mit Wasser und eine gute Portion Alfalfa. Ich hatte es noch nicht über das Mäuerchen geworfen, da schoß der Hengst mit angelegten Ohren und weit aufgerissenem Maul auf mich zu. Ich machte einen kleinen Satz zurück und beobachtete den Hengst, wie er gierig in dieser aggressiven Haltung fraß. Erst als ich zurückkehrte auf den Felsvorsprung, beruhigte er sich wieder.

Es war ein geradezu unerträglich heißer Tag, und so viele Fliegen und Mücken glaubte ich noch nie auf einmal gesehen zu haben. Aber dennoch zog es mich nicht zurück ins kühle Haus. Was um alles in der Welt sollte ich mit einem solchen Pferd anfangen?

Je länger ich ihn beobachtete, desto häßlicher wurde

er in meinen Augen. Seine abgemagerte, eingefallene Flanke, die faßförmig herausragenden Rippen, die steile Schulter mit dem hohen, spitzen Widerrist, der knochige, eingefallene Rücken, der lange, dünne, ungeformte Hals, sein grober, ramsköpfiger Schädel, die tiefen Augen und die schattigen Kuhlen darüber, die weißen Flecken des Alters auf dem stumpfen, struppigen, mattschwarzen Fell.

Ich hätte ja noch Mitleid mit ihm, ließe er es wenigstens zu. Statt dessen und zu allem Übel quittierte er jede meiner Annäherungen damit, die Ohren zurückzuklappen, mit den Augen zu rollen und das Maul aufzureißen. Ich fragte mich, wie sie es überhaupt fertiggebracht haben, ihn hier heraufzubringen.

So vergingen die dumpfen Stunden des Nachmittags. Ich hatte den Alten nicht zurückkommen hören. Als ich ins Haus kam, saß er auf seinem Stuhl und las ein Buch. Er begrüßte mich freundlicher als sonst. Ich ging in die Küche, um den Abendtisch zu richten. Als ich ihn aber zum Essen rief, war er nicht mehr da.

Etwas später kam er zurück und bat mich, meinem Pferd noch etwas Wasser und Futter in seine Box zu bringen.

»In welche Box? Wir haben doch gar keine zweite!«

»Ich habe ihn in das alte Hirtenhäuschen oben am Weg gebracht«, sagte der Alte ruhig, »das bietet vorerst genug Schutz vor der Kälte und dem Wind der Nacht, und vor dem Regen auch.«

»Du hast ihn oben in das Häuschen gebracht?«

»Ja – genau!«

»Und wie hast du das getan?«

Der Alte antwortete nicht.

»Verzeih bitte, wenn ich neugierig erscheine, aber erkläre mir doch bitte, wie du das gemacht hast. Ich meine, dieses Vieh greift doch alles an, was sich bewegt!«

»Es ist ein Pferd, kein Vieh!«

»Gut, du hast recht, aber dieses Pferd da draußen greift alles an, alles und jeden. Warum willst du mir nicht sagen, wie du das geschafft hast? Ich meine, darum bin ich doch hier, um das von dir zu lernen!«

»So, bist du das?«

Ich atmete langsam und tief ein, um die aufflammende Wut zu unterdrücken. In seinem ruhigen Ton fuhr der Alte fort, ohne mich anzuschauen:

»Du batest mich gestern um etwas Zeit. Du wolltest mit mir über irgend etwas reden. Nun, jetzt ist der Moment, wenn du willst.«

Ich schaute auf die rissige Tischplatte vor mir, und für eine ganze Weile war es still im Raum. Dann sagte ich, jetzt wieder etwas ruhiger und gefaßter:

»Offenbar ist es dir möglich, dieses Pferd auf irgendeine Art und Weise zu führen. Bei mir reagiert es wie eine Bestie, bei dir offensichtlich nicht. Woran liegt das?«

»Das eben sollst du herausfinden!«

»Und du willst mir nicht sagen, wie ich es machen soll?«

»Nein!«

»Du meinst, daß ich das selbst herausfinden kann?«

»Das weiß ich nicht. Aber ich fürchte, es bleibt dir nichts anderes übrig!«

»Und wenn ich dabei draufgehe?«

»Dann hattest du doch wenigstens noch ein paar schöne Tage hier bei mir!«

Wortlos stehe ich auf, um Wasser und Futter zu meinem Pferd zu bringen.

6

Am nächsten Morgen bauten wir einen Auslauf an die östliche Front des kleinen Hauses. Er ragte bis an den Abgrund, wo der nackte Fels gut zehn Meter in die Tiefe fällt. Wir bauten ihn aus dünnen Hölzern, und als er fertig war, fand ich, daß es der schönste Holzzaun war, den ich je gesehen hatte. Nichts schien wirklich zu passen, und nicht ein Stück war wirklich gerade. Aber das wohl war es, was mir so gut gefiel. Der Alte ging, und ich atmete tief ein, und ich streckte und reckte mich. Ich hatte das Gefühl, ein Stück Freiheit gewonnen zu haben. Ich wußte, der Alte würde sich so gut wie niemals hier blicken lassen. Ja, das wußte ich, und so war ich hier allein. Nicht nur das, der Zaun und das Haus und der Absprung der Felswand in die Tiefe: Alles das waren Grenzen um jenen Bereich, die jetzt auch wie Schutzwälle für mich zu existieren schienen. Das ganze Plateau war wie verändert.

Ich setzte mich auf den staubigen Boden und schaute auf mein Pferd. Ich hatte das Gefühl, daß es heute ganz anders aussah, immer noch nicht gerade schön, aber doch irgendwie anders. Und so etwas wie Rührung schien mich zu erfüllen. Und ich sagte zu dem alten Tier:

»Du bist ein Valenciano, ein echter, und ich weiß nicht, was in aller Welt ein Valenciano ist, aber das wird mir der Alte ja dann wohl noch eines Tages verraten. Aber weil du eben ein Valenciano bist, darum nenne ich dich Vali. Und so du mich nicht verprügelst oder frißt, dann können wir doch gut die Tage miteinander teilen. Und ich bin nicht ganz so einsam!«

Und in all der Zeit war dies einer der seltenen Augenblicke, an dem ich einen Hauch von Glück verspürte. Und der Wunsch zu gehen, all das hier zu verlassen, sollte sich für einige Wochen verflüchtigen.

Das Interesse des Alten an mir schien mir nie sehr groß, aber von diesem Tag an wurde auch mein Interesse an dem Alten immer geringer. Ich sah ihn nur noch bei den Mahlzeiten, und nicht selten war ich auch bei diesen nicht zugegen, saß ich lieber vor dem Auslauf meines Pferdes oder säuberte gewissenhaft seine Box. Den Alten um Hilfe zu bitten, das hatte ich längst aufgegeben. Ich war schon glücklich, daß er mir erklärte, was denn eigentlich ein Valenciano sei. Und er beschrieb mir den Ursprung dieser Pferde mit folgender Legende:

»Eine Gruppe mittelalterlicher Reiter gelangte in die Stadt Valencia. Sie rastete in der Nähe eines Stalles, dessen Eigentümer dafür bekannt war, sich gut mit Pferden zu verstehen. Auch wisse er viel über die Heilkunst. Eines ihrer Pferde war nämlich krank. So übernahm der Mann die Pflege des Pferdes und machte auch Fortschritte, obschon das Tier auch nach Tagen noch schwach und matt in seiner Box stand.

Da kam schließlich der Besitzer des Pferdes zu ihm und sagte:

›Guter Mann, dir ist sicherlich die knochige und grobschlächtige Form dieses Pferdes aufgefallen. Aber ich kann dir versichern, daß du kaum ein härteres Pferd auf der Welt finden wirst. In deinem Land sind diese Pferde unbekannt. Ich muß mit den anderen weiter meines Weges ziehen. Die Zeit drängt uns. Dir will ich für die Mühen, die du dir unseretwegen gemacht hast, danken und dir das Pferd als Geschenk überlassen. Ich glaube, daß deine Hände es zu bändigen vermögen.‹

›Zu bändigen?‹ fragte der Stallbesitzer.

›Ja, es ist bei allem kein leicht zu handhabendes Pferd. So es erst wieder einmal kräftig auf den Beinen steht, wirst du das noch erkennen.‹

Der Beschenkte bedankte sich freundlich, und die unbekannten Männer zogen des Weges.

Kaum, daß das Pferd wieder gesund war, entpuppte es sich als so eigensinnig und widerspenstig, daß der brave Mann es niemals in den Reitdienst hat nehmen können. Von seiner Wildheit und seinem Mut und seiner Härte aber stark beeindruckt, verwendete er es zur Zucht. Und seit eben diesem Tag werden in Spanien hin und wieder Pferde geboren, schwarz, knochig, ramsköpfig, die so ganz anders sind als alle anderen. Das ausgeprägteste Merkmal dieser Pferde aber ist ihr unbeugsamer Wille. Ein solches Pferd nennen wir noch heute einen Valenciano.«

7

Und so ging das Neue, und mit dem Neuen wich auch die Ruhe. War ich zuerst mehr als vorsichtig und brachte mich die nackte Angst vor diesem Pferd dazu, mir immer neue Tricks einfallen zu lassen, um ungehindert und in Sicherheit vor ihm in seinem Stall arbeiten zu können, brachte ich ihm in der ersten Zeit aus größter Entfernung sein Futter und war ich überhaupt glücklich, auf diese Weise die täglichen Verrichtungen erledigen zu können, so kamen doch mehr und mehr die Wut und der Zorn über mich. Wut auf das Wesen, das all meine Bemühungen durch nichts zu erwidern schien.

War anfangs noch die Hoffnung da, durch das tägliche Miteinander eine allmähliche Gewöhnung herbeiführen zu können, so lehrte mich die Realität doch etwas ganz anderes. Immer schlimmer erschienen mir seine Attacken, immer mehr machte er mich zu seinem Spielball, zu seinem Prügelknaben, schien es ihm zu gefallen, mich flüchten zu sehen, voller Angst, und es schien ihm Freude zu bereiten, mich zu demütigen. Ja, ich kochte vor Wut, und die Verzweiflung fraß sich immer tiefer in mich hinein. Und das, was als zarte Sympathie in den ersten Wochen des Miteinander erwachsen war, das war jetzt der Wut, auch über mein eigenes Unvermögen, gewichen.

Und so, wie mit jedem Tag der Zorn über dieses Tier in mir wuchs, so wuchs auch dieses Gefühl gegenüber dem Alten. Wäre er doch in der Lage, wenn er nur gewollt hätte, mir zu helfen. Und so brodelte es in mir und so hörte ich mich fluchen und die Zähne aufeinander beißen. Und war ich allein in den Bergen, dann schämte ich mich über mich selbst und wußte doch nicht, wohin mit meiner Verzweiflung. Aber was ich auch tat, es führte zu nichts als dem Gegenteil dessen, was ich doch beabsichtigt hatte. Und so fraß sich die Galle durch meine Seele, und ich griff nach dem Stock.

Ich wandte mich um, sah in seine Augen und sah nichts mehr und war voller Haß und ohne Kontrolle! Und das Pferd sah den Stock, und mir war es egal. Sollte einer von uns sterben. Elende Kreatur – zum Teufel mit dir! Und ich vergaß die Angst und verzerrte das Gesicht.

Kaum, daß ich erkennen konnte, was ich tat, sprang ich über den Zaun und nahm wahr, daß er stand, daß er stehenblieb. Und ich wollte, daß er verreckte – oder ich. Und ich schwang den Knüppel über ihm, und wie es sich auftürmte, das Schwarze über mir, da hörte ich auf zu atmen, und ich fühlte all sein Gewicht, wie es auf meinen Brustkorb krachte. Und wie ich dann nichts mehr sah und erwachte und der Alte neben mir kniete und mir die Lunge brannte und ich nur langsam, jammernd und röchelnd wieder zu Atem kam, da hörte ich, wie der Alte sagte:

»Hätte er auch nur einmal gebissen, du wärst jetzt womöglich tot. Jetzt aber weiß er es, jetzt weiß er ganz genau, wie klein und schwach und elend du bist!«

8

Und wieder verging die Zeit. Erfüllt von Angst und Scham tat ich Tage und Wochen nur das Notwendigste im Stall. Ich trieb mich in den Bergen herum, erfüllt von Trauer und Melancholie. Ich erinnerte mich an ein Leben, das zuvor einmal gewesen sein mußte, an meine Jugend, an mein Lachen, an mein Lieben, an mein lebendiges, waches Sein. Wohl schien es mir, als sei es Jahrzehnte her, seit ich alles das einmal erlebt hatte. So zog die Sonne ihre Bahn und wechselten die Düfte im Rhythmus der Zeit. Doch das alles machte Halt – vor mir, vor der Trauer, die mich ganz und gar ausfüllte und über mich hinauszuwachsen schien.

Und so konnte ich nicht vor und nicht zurück. Und das Loch, in das ich geriet, schien keinen Boden mehr zu haben. Und es war die Monotonie, das absolute Unvermögen und die Ohnmacht, die mich erfüllten und wie geisterhaft durch die Tage trieben. Ich aß kaum etwas. Ich war an meinen Grenzen, an den Grenzen meines Wesens, meiner Existenz.

Doch kurz bevor der Bogen reißen sollte, wechselte

die Zeit noch einmal ihren Rhythmus. Als hätte das Schicksal eine besondere Freude daran, meine Seele an den tiefsten Abgrund zu führen, um dann – im letzten Augenblick, wo nur noch die Flucht bleibt – das Blatt zu wenden, mich zurückzuhalten, einen Augenblick des Wechsels mir zu gönnen, um dann, gleich darauf, dasselbe Spiel von neuem zu beginnen.

Vali war das einzige, was ich hatte hier in den Bergen. Und doch verweigerte er sich mir bis in die letzte Faser seines Wesens. Aber eines Tages, als ich zu ihm kam, da stand er da, ganz anders als sonst. Und er fraß nicht und schien mich nicht zu sehen. Zuerst beachtete ich es kaum – doch dann wurde es immer deutlicher. Ich befürchtete, er habe eine akute Kolik. Als ich den Alten fragte, antwortete er, ohne sich das Pferd überhaupt angeschaut zu haben:
»Er hat keine Kolik.«
Das war alles, was er sagte. So beobachtete ich Vali den ganzen Tag. Er hatte wohl tatsächlich keine Kolik, und doch schien mir sein Zustand von Stunde zu Stunde schlechter zu werden. Ging ich langsam auf ihn zu, wurden seine ablehnenden, aggressiven Gesten immer halbherziger. Schließlich ließen sie sogar fast ganz nach. Ich konnte ihn jetzt ohne Angst berühren, seine Hufe heben, ihn in aller Ruhe putzen. Was mir nicht gelungen war in den Wochen zuvor, das gelang jetzt der Krankheit. Ich konnte zum ersten Mal gefahrlos körperlichen Kontakt zu meinem Pferd aufnehmen. Und so verbrachte ich viele Stunden mit ihm. Nichts besserte sich aber an seinem Zustand. Jetzt erst merkte ich, wie wichtig mir dieses Wesen geworden war, konnte ich auch nicht wirklich sagen, warum. Noch einmal bat ich den

Alten um Rat. Diesmal ging er mit mir. Er schaute sich das Pferd an, seine Augen, seine Zähne, seine Ohren, und nach einer ganzen Weile sagte er:

»Ich kann nichts machen, jetzt nicht. Es ist ein Prozeß. Sei wachsam und paß auf, was passiert. Das ist alles, was ich dir sagen kann. Sei wachsam, was passiert.«

Ich saß vor seiner Box. Ich litt mit ihm. Er fraß immer weniger. Bald hatte ich gar keine Lust mehr, überhaupt noch zu ihm zu gehen. Er war halt ein altes Pferd. Womöglich lag es einfach nur daran – an seinem Alter.

So vergingen die Tage. Doch sein Leiden wurde immer größer. Die Innenwände seiner Nüstern waren knallrot, so wie sein Zahnfleisch auch. Er hatte Fieber. Beim Saufen kamen die seltsamsten Geräusche – das Wasser lief ihm aus der Nase – er röchelte und hustete auf eine Weise, wie ich es noch nie anderswo gesehen hatte.

Ich gab ihm Knoblauch, führte ihn auf saftigere Wiesen. Alles ließ er plötzlich mit sich machen. Er schnappte nicht mehr nach mir, griff mich nicht mehr an, es schien, als wäre er einfach nicht mehr da, als wäre er gar nicht mehr in dieser Welt, als schliche ein lebloser Körper hinter mir her. Es war ein Bild des Jammers.

Schließlich triezte ich ihn. Ich schrie ihn an:

»Mann, kämpfe!«

Ich wünschte mir, er würde wieder kämpfen, er würde mich angreifen, wieder Leben zeigen. Nichts half. Würde er jetzt sterben – welchen Sinn hätte unsere Begegnung dann gehabt?

Es war an einem regnerischen Tag. Ich stand mutlos vor Valis Box. Da kam der Alte.

»Wie geht es ihm?« fragte er.

»Wie geht es ihm? Wie geht es ihm? Wie soll es ihm

schon gehen? Das siehst du doch! Warum fragst du noch? Dir scheint es ja ohnehin egal zu sein, ob dieses Pferd krepiert oder nicht. Würdest du genauso deine Hände in den Schoß legen, wenn es dein Pferd wäre, das so jämmerlich krank ist? Ich dachte, du wärst ein Pferdemann, ein Mann, der etwas von Pferden versteht. Warum kannst du dann nicht einmal etwas versuchen, um dieses Pferd zu heilen? Sicher würdest du alles versuchen, wäre es dein Pferd, das krank ist!«

Der Alte stand regungslos und hörte zu. Dann sagte er leise, indem er sich abwandte, um zu gehen:

»Es ist aber nicht mein Pferd, das krank ist, sondern deins.«

Ich verstand ihn nicht. Ich haßte ihn. Ich haßte ihn für die Art und Weise, wie er das gesagt hatte. Warum ließ er uns so im Stich? Jetzt! Wie er ihn aussprach, diesen Satz, fast mit Genugtuung – sogar ein kleines Lächeln habe ich in seinem Gesicht zu erkennen geglaubt. Will er mich – uns nur quälen?

Beim Abendbrot saßen wir uns wieder einmal schweigsam gegenüber.

»Komm bitte, nachdem du die Pferde versorgt hast, zu mir. Ich will mit dir reden.«

Ich dachte lange nach, tat dann aber, was der Alte wünschte.

»Hier bin ich, schieß los.«

»Du willst, daß ich deinem Pferd helfe?« begann der Alte.

Ich antwortete nicht.

»Deinem Pferd ist nicht zu helfen, es ist nämlich gar nicht krank!«

»Ach nein, dann bilde ich mir das wohl alles nur ein, was?«

»So könnte man es beinahe sagen, ja.«

Ich sprang auf, wollte gehen. Gerade hatte ich ihm den Rücken zugekehrt, da fühlte ich einen harten Schlag im Nacken, der mich zurückriß und auf den Stuhl schleuderte.

»Jetzt bleibst du hier, du bist lange genug weggelaufen! Das wirst du dir jetzt anhören!«

Diesen Gesichtsausdruck hatte ich bei dem Alten noch nie gesehen. Er war gänzlich verändert, und in diesem Moment habe ich mich vor ihm gefürchtet.

»Warnungen habe ich mehr als genug ausgesprochen. Ich kann es nicht mehr ertragen, wie dein Pferd leidet unter deiner Selbstgefälligkeit, unter deiner Jämmerlichkeit! Nein, deinem Pferd ist nicht zu helfen, denn es ist nicht krank, nicht wirklich. Es zeigt nur die Symptome jener Krankheit, die in dir ist, ganz tief in dir, tief in deiner kranken Seele! Und das ist es, was dein Pferd dir zeigen und dich lehren will. Aber du bist blind für all das, was nicht deiner zur Jämmerlichkeit verkommenen Eitelkeit entspricht. Du siehst nur dich, deine Welt, deinen Kummer, und schaffst es nicht, für einen Augenblick einmal deine grenzenlose Selbstsucht zu überwinden, nicht für einen winzigen Moment! Dein Pferd ist nicht irgendein Pferd, es ist eines der besten, die du dir nur vorstellen kannst. Du ahnst es ja nicht einmal. Du begreifst nichts. Überhaupt nichts!«

Ich saß da wie vom Donner gerührt und ahnte in mir: Er hatte recht! Meinen Blick gesenkt, war ich bereit, ihm zuzuhören. Es verging ein Moment. Mit ruhiger Stimme fuhr der Alte fort:

»Hast du dir jemals seine Augen angesehen? Mit welch' wachen Augen er in die Welt schaut? Hast du jemals bemerkt, wie fein seine Ohren zu nach innen gebogenen Spitzen auslaufen, wie schön sie angesetzt sind, klein und kraftvoll? Hast du jemals bemerkt, wie aufgeregt seine Nüstern beben, dann, wenn du einmal nicht selbstversunken in deine Trauer eingehüllt bist, in dein jämmerliches Selbstmitleid über dein Schicksal und dein Pech, hier mit mir und diesem alten klapprigen Pferd zusammensein zu müssen? Du wünscht dir einen jungen, feurigen Hengst, und tief in deiner Seele lehnst du dieses Wesen ab, das ganz und gar von dir abhängt. Und das ist es, was ihn leiden läßt, denn seine Welt bist du. Woher nimmst du das Recht deiner Unzufriedenheit, deiner Trauer über dein ›Ach-so-schreckliches-Schicksal‹? Begreifst du nicht, daß du es bist, der es in seinen Händen hält, ganz allein du?«

Noch immer sah ich schweigend auf den Boden zwischen meinen Füßen. Wieder verging eine ganze Weile, dann fuhr der Alte fort:

»Hast du einmal in das Gesicht einer Mutter geschaut, die ihr kleines Kind in den Händen hält, mit einem aufgedunsenen Bauch, soeben ist es gestorben – an Hunger! Die Kraft reicht nicht aus, auch nur einen winzigen Teil der Trauer zu äußern, die sie empfindet. Ja, das ist Trauer. Diese Menschen haben das Recht zu klagen. Und hier bei uns? Schau doch, wie sie klagen und jammern, egoistisch, sattgefressen, gierig. Sie klagen schon über den kleinsten Schicksalsschlag. Sie klagen, weil sie wieder einmal nicht in der Lotterie gewonnen haben, weil sie die Frau aus der Bar nicht mit nach Hause nehmen konnten, weil sie einen Kratzer im Lack ihres Autos gefunden haben, weil sie einen goldenen Kugelschreiber verloren haben, weil das Kind der Nachbarin um zwölf Uhr nachts geweint hat, weil die eigene Frau einen anderen Mann geküßt hat, weil der

Sohn das Abitur nicht geschafft hat, weil es regnet, weil es zu kalt ist, weil es zu heiß ist. Sie klagen um des Klagens willen, und wenn sie es nicht äußern, so fressen sie es in sich hinein, wo es zu einer Kloake aus Haß, Gier und Jämmerlichkeit zusammenbrodelt.

Doch lernen sie, handeln sie? Oder graben sie sich immer weiter hinein in jene Illusion, daß irgendwann einmal ein Ereignis von außen sie aus ihrer Jämmerlichkeit herausreißt? Und dann kommt einmal der große Tag, an dem einer von ihnen getroffen wird vom ›Großen Los‹. Der eine gewinnt in der Lotterie und wird seines Lebens nicht mehr froh, denn nun muß er erkennen, daß auch dies nichts weiter war als die letzte große Illusion! Denn um nichts ist er glücklicher geworden. Und triffst du ihn, so wird er jetzt mehr klagen als zuvor: denn zu alledem ist nun auch noch die Angst gekommen, das zu verlieren, von dem er glaubt, es zu besitzen. Und der andere trifft jene Frau, auf die er so lange gehofft hatte. Schön ist sie und elegant und duften tut sie – und nichts quält ihn jetzt so sehr wie die Eifersucht und die Angst, dieses edle Wesen wieder zu verlieren.

Und so gräbt sich die Furcht und die Trauer und die Sorge um das eigene kleine Dasein so tief in die Züge ihrer Gesichter, daß es sie ausfüllt mehr und mehr. Schließlich sind sie ganz und gar eingenommen von ihrem Jammer, der sie unfähig macht, sich zu sehen, das Dasein zu sehen, wie es wirklich ist, und die Konsequenzen all ihres Handelns. Und so gehen sie vorbei an ihrem Leben, genauso wie an der Schönheit dieser Welt. Genauso wie an all den Wesen. Genauso wie du an deinem Pferd. Und nun ist es krank. Und ich soll ihm helfen? Mit welcher Medizin denn, kannst du mir das sagen?«

Langsam stand ich auf, verließ das Haus und schaute lange in den silbrigen Nachthimmel. Dann ging ich zurück. Der Alte saß in seinem Schaukelstuhl und las. Einen Moment stand ich in der Tür, dann fragte ich leise:

»Und was soll ich tun? Kann ich überhaupt etwas tun?«

Er ließ jetzt langsam und mit ernstem Blick das Buch auf seinen Schoß sinken.

»Hast du denn alles vergessen, was ich dir sagte, erinnerst du dich denn nicht mehr im mindesten an den Inhalt meiner Reden über die drei Säulen des menschlichen Seins? Sehr viel kannst du tun! Dein Denken ist da und dein Fühlen auch. Das ist so, und daran kannst du im Augenblick nichts ändern. Es nützt nichts, wenn du dir etwas vormachst. Aber du kannst dir einfach einmal anschauen, wie dein Denken dein Handeln beeinflußt. Das kannst du tun. ›Mein Pferd ist alt, mein Pferd ist häßlich. Ich bin schwach, ich bin einsam, ich bin unglücklich‹, und was nicht alles noch. Was in aller Welt kann denn nur aus einem solchen Denken hervorkommen? Setz dich!«

Unsicher ging ich durch den Raum. Ich setzte mich an jene Stelle, an der ich immer zu sitzen pflegte in den wenigen Momenten, wenn der Alte mit mir sprach und mich belehrte. Er schaute mich einen Moment an, beugte sich nach vorne:

»Mein Gott, Mann, begreif doch ein wenig nur das Wesen dieser Welt! Die Gedanken sind es doch, die alles formen und die allem Tun und allem Wirken vorangestellt sind. Wenn du traurig bist, was anderes als Trauer kann diesem Zustand entspringen? Kann denn dein Pferd auf Dauer dieser Trauer widerstehen, oder wird es nicht zwangsläufig mit hineingerissen in diesen Strudel? Und was anderes können denn deine Handlungen bewirken, die alle aus dem Quell der Trauer schöpfen? Welche anderen Früchte können sie tragen als Früchte der Trauer. Geraten wir in einen solchen Zustand, dann müssen wir so schnell wie möglich heraus aus diesem dunklen Sumpf, sonst werden wir schließlich innerlich daran zerbrechen. Darum dürfen wir uns niemals treiben lassen, müssen alle Kraft sammeln und unsere Gedanken auf das richten, was uns zentriert und festigt. Was in aller Welt hindert dich daran, deine Augen zu öffnen, um zu sehen? Herrgott nochmal, schau mich an, schau mich an!«

Ich schaue ihn an.

»Siehst du mich?«

Ich sage nichts. Der Alte reagiert gereizt.

»Ich habe dich gefragt, ob du mich siehst! Siehst du mich?«

»Ja, ich sehe dich!«

»Und warum dankst du Gott nicht dafür, daß du Augen hast und die Welt siehst? Du könntest genausogut blind sein, oder? Bitte, antworte mir.«

»Ja, ich könnte genausogut blind sein.«

»Dann danke Gott dafür, daß du sehen kannst!«

Ich tue nichts.

»Danke Gott dafür, daß du sehen kannst!«

»Gott, ich danke dir, daß ich sehen kann!«

»Gut, stch auf!«

Ich stehe auf.

»Hast du gesunde Beine, um damit gehen zu können, ja?«

»Ja.«

»Dann ...«

»Ja, ja, ich weiß schon, ich danke Gott dafür, daß ich gesunde Beine habe, um damit gehen zu können!«

»Gut. Hast du Hunger?«

Ich setze mich wieder und sage: »Gott, ich danke dir dafür, daß ich keinen Hunger habe und satt bin!«

»Bist du traurig?«

»Ja, Gott, ich danke dir dafür, daß ich traurig bin!«

»Nein, nein, nein!« schreit der Alte, »Du ›Tonto‹!« und wir lachen beide, und ich freue mich darüber, daß ich so lache, und ich danke Gott, daß ich wieder lachen kann und daß ich wieder ein bißchen Sympathie empfinde für den Alten.

»Nein, jetzt bist du an der Reihe, und wir lassen Gott für einen Augenblick aus dem Spiel. Denn jetzt geht es darum, alles dafür zu tun, diese Wahrheit in eine andere zu überführen. Zuerst einmal finde das Gegenteil von deinem Zustand. Wie könnte das aussehen?«

»Ich bin glücklich, froh und stark!«

»Na also, eben das ist es doch! Dann sag dir jetzt: ›Ich tue alles, was in meiner Kraft steht, um immer glücklicher, froher und stärker zu werden. Sag das, na los!«

Ich tue, wie der Alte wünscht.

»Und, wirkt es schon? Lach nicht, ich meine es ernst! Wir haben eine Verpflichtung uns und der Welt gegenüber! Sorge dafür, daß sich deine Gedanken immer mehr dem Licht zuwenden und den guten Kräften! Es muß zu einer Schule des Lebens werden, mehr und mehr muß sich deine Gedankenwelt auf das konzentrieren, auf was es sich zu konzentrieren lohnt: auf die guten Seiten des Daseins! Du wirst ein lebendiges Zeugnis sein dieser Kräfte, von denen du nun allseits ausgefüllt bist. Das heißt nicht, daß du dich belügst.

Aber du kannst die Pforten in eine andere Zukunft öffnen, also auch für dein Pferd.

Schau durch das mittlere der drei Fenster. Jener kleine verkrüppelte Baum, wie er sich vom Tal abwendet, sich krummgewachsen dem Hang zudreht. Nichts siehst du, und trotzdem bewegt der Wind alles, was sich zwischen Himmel und Erde befindet, Tag für Tag, ohne Unterbrechungen. Nichts siehst du, und doch hinterläßt er überall seine Spuren, zeichnet die Zeit sie auf, all seine Wirkungen. An diesem Baum kannst du sie eindrucksvoll nachvollziehen, all die Jahre, die er hinaufwehte. Jeder Mensch kann wirken – mit eben dieser Unaufhörlichkeit des Windes. Du fragst mich, was du tun kannst? Eben das! Sei wie der Wind, der ohne Unterlaß über die Hänge weht, und verrichte so dein tägliches Werk. Und du mußt stark werden, gerade dann, wenn sich die Wirkungen deines Handelns noch nicht gleich zeigen. Es ist, als wenn du einen vertrockneten Acker zu bewirtschaften hättest. Aus der Ferne mußt du das Wasser heranschleppen, kilometerweit, tagtäglich – und im selben Augenblick ist es versickert. Nicht einen Moment lang kannst du das Wasser sehen auf dem ausgetrockneten Boden. Tagein, tagaus verrichtest du so deine Dinge immer auf das gerichtet, was kommen möge. Deine Hände sind voller Schwielen, und so sitzt du nach monatelanger, scheinbar fruchtloser Arbeit auf deinem immer noch trocken scheinenden Acker. Du sitzt und gibst auf. Doch in dem letzten Schein des Sonnenlichtes glaubst du etwas erkennen zu können: etwas ganz Winziges. Den Schimmer eines zarten Grüns, es reißt dich aus deiner Trägheit – du betrachtest es von allen Seiten. Es ist wahrhaftig, es ist wahr! Denn während du nur die vertrocknete Oberfläche deines Ackers sahst, geschah im Inneren jenes Wunder, an das du schon nicht mehr glaubtest. Und mit der dreifachen Energie wirst du nun das Wasser heranschleppen, denn jetzt gilt es, zu schützen und zu pflegen, und jenes Leben, dem du zum Dasein verholfen hast, dieses Leben gilt es jetzt zu bewahren und zu fördern, seiner Vollendung zuzutreiben, im Sinne der Natur, im Sinne des Lebens. Geh und tue deine Arbeit und suche nicht die Früchte! Die werden kommen. Suche nicht das Ziel, denn auch das wird kommen. Suche nur deine tägliche Auseinandersetzung mit dir und deinem Werk. Achte darauf, wie du deine Arbeit machst, mit welchen Gedanken, mit welcher Hingabe, mit welchem Ernst, mit welcher Schönheit in all deinen Äußerungen. Sorge dich um nichts anderes als darum und betrachte alles, was dann kommt, als ein Geschenk. Das ist es, was ich dir im Augenblick sagen kann. Schau, wie es dir damit ergeht.«

Und ich ging zu meinem Pferd und begrüßte es: »Na, du junge, tanzende Elfe, du kerngesundes, ›obergeiles Mistvieh‹!« Und ich lachte aus voller Seele und streichelte den armen Kerl mit aller Zärtlichkeit.

9

Es sollten noch einige Wochen vergehen, bis sich allmählich der Zustand meines Pferdes besserte. Auch meine Trauer schien in diesen Wochen zu versiegen. An deren Stelle aber trat nicht das Glück und die Freude, sondern nur das Nichts, die stumpfe Leere.

Zwar versuchte ich immer wieder zu handeln, wie es

mir der Alte empfohlen hatte, doch alles Bemühen zerfloß in der Grenzenlosigkeit, in der ich mich immer mehr aufzulösen schien. Die Krankheit des Pferdes hatte mich ihm ein kleines Stückchen nähergebracht. Doch mit den Kräften, die nach und nach wieder in den Hengst strömten, kam auch die Aggression zurück, und nur ein wenig Vertrauen schien geblieben zu sein. Und so hing es ganz von Valis Launen ab, ob an einem Tag einmal ein etwas näherer Kontakt zustande kam oder nicht. Machte er sich ein Spiel daraus, mich anzugreifen und zu hetzen, dann war ich der Situation absolut hilflos ausgeliefert.

Das Verhältnis zu dem Alten schien sich allerdings zu verändern, aber nicht in dem Sinne, wie ich es immer noch gehofft hatte. Vielmehr schien sich zu der Interessenlosigkeit meiner Person gegenüber jetzt auch noch so etwas wie tiefe Verachtung hinzuzugesellen. Ich bemühte mich schließlich nicht einmal mehr, den Kontakt zu meinem Pferd zu verbessern. Mir wurde immer klarer, daß ich am Ende meines Weges angekommen war. Nicht ein Funken Hoffnung war geblieben. Aber selbst das erschütterte mich nicht weiter. Nur manchmal zog mich diese Leere in tiefste Angst.

Und mehr und mehr schien alles Lebendige aus mir herauszufließen, als hätte ich nicht jenes gefunden, wonach ich gesucht hatte, sondern alles verloren, was ich eigentlich schon zu besitzen glaubte. Das Heimweh war verschwunden, die Sehnsucht nach anderen Menschen auch. Ich hatte aufgehört zu existieren. Es war jener Sommer, in dem die Sonne vor meiner Haut zu enden, in dem ihre Wärme mich nicht zu berühren schien, nicht das Licht und nicht ihre Kraft.

Und so kam er, jener Abend in diesem Sommer. Die Luft war schwül, doch das Wetter wollte nicht umschlagen. Der Schweiß des Tages klebte noch an unserer Haut. Wir saßen am Abendtisch, und gerade senkte sich die Sonne zwischen den Bergen. Ich schaute gedankenversunken auf die steinerne Wand mir gegenüber, deren viele Erhebungen und Brüche mit dem zarten Rot der Sonnenstrahlen liebevoll spielten. Und als der Alte zu reden begann, da zuckte ich zusammen, so, als ahnte mein Körper schon, was der dumpfe Geist nur schwerlich erfassen wollte.

»Ich habe keine Wahl, ich muß es dir sagen ...« – und er machte eine lange Pause, und das Atmen fiel ihm sichtlich schwer, und trotz all seiner Ruhe fühlte ich, wie aufgewühlt er doch innerlich war.

»Ich glaube, ich habe mich geirrt, als ich dich bei mir aufgenommen habe. Ich erlebe dich in einem unvergleichlich kranken und debilen Zustand. Es kostet mich große Kraft, nicht selbst krank zu werden. Es ist das beste, wenn wir uns trennen.«

Ich stand auf und ging. Ich fühlte geradezu, wie alles Blut meinem Körper entronn, als würde irgendeine Macht gewaltsam jeden noch verbliebenen Rest meines Lebenswillens aus meinem Körper reißen. Ich wankte in mein Zimmer, taumelte in mein Bett und vergaß alles. Das Leben, den Tod, mein Pferd und mich.

Angstschweißgebadet wachte ich auf. Mein Herz raste. Nichts konnte ich denken, alles stürmte durcheinander. Ein Druck, tief aus dem Magen, wollte sich nach oben quetschen. Ich atmete kurz und flach und schleppte mich vorsichtig zur Tür. Noch einmal versuchte ich, tief durchzuatmen. Jetzt riß ich sie auf und stolperte in den dunklen Flur. Ich wankte die kleine

Treppe hinunter, um in jenen Gang zu gelangen, den ich bisher noch niemals betreten hatte. Ich wußte, hinter dieser Tür würde er schlafen. Ich riß sie auf, und ich stellte mich aufrecht und schrie dann mit aller mir noch verbliebenen Kraft in die Dunkelheit hinein:

»Nein, nein! Ich werde es niemals finden, und niemals werde ich dahin kommen, wo du glaubst, daß du schon lange bist. Aber ich will eines behalten: meine Würde!«

Und ich wurde immer lauter, und meine Verzweiflung vermischte sich mit einem Weinen, das nichts mehr wollte als ein Recht auf seine Existenz!

»Ich werde gehen, ja, in Gottes Namen, ich werde gehen! Und ich werde ihn finden, meinen Weg, ohne dich! Ich werde ihn finden, ganz sicher auch ohne dich!«

Ich taumelte zurück in mein Zimmer und schlug die Tür zu, die laut ins Schloß krachte. Danach war es still. Ich schlief ruhig bis tief in den Morgen hinein.

Als ich erwachte, ging ich zum Fenster, und nur langsam kamen mir der gestrige Tag und die Nacht in mein Bewußtsein. Ich versuchte, mir ein klares Bild zu machen. Und wie ich da stand, aufgestützt auf dem Fensterbrett, die Weite des Tals vor Augen, da spürte ich eine angenehme Ruhe in mir. Und ich fühlte mich ohne Angst, und ich war sicher, daß alles gut war. Es lag etwas Märchenhaftes über der Landschaft – sie schien mir jetzt wie verzaubert und mir war, als sähe ich sie zum ersten Mal.

Ein warmes, schönes Gefühl der Rührung entstand – ganz tief in mir.

Von hier aus konnte ich einen großen Teil des Hofes überschauen. Nur beiläufig fiel mir auf, daß der Jeep nicht an seinem Platz stand. Auch Vali, mein Pferd, stand nicht in seinem Auslauf.

Um diese Zeit aber war er immer dort. Er wartete sonst immer am Zaun aufgeregt auf sein Futter. Ich ging hinaus. Auch den Alten konnte ich nicht entdecken. Die Sonne blendete mich, als ich zu Valis Box kam. Sie war leer. Ich war traurig. Ja, ich war traurig. Er hatte mein Pferd schon zurückgebracht. So also geht es zu Ende, dachte ich.

Ich ging langsam zurück ins Haus, und die Gefühle in mir konnte ich nicht klar voneinander trennen. Aber ich blieb ruhig. Ich ging in mein Zimmer, um mein weniges Hab und Gut zusammenzuräumen. Als ich langsam die Treppe hinunterging, hörte ich, wie das Auto den schmalen Weg herauffuhr. Ich will mich freundlich von ihm verabschieden, dachte ich, egal, was er sagen wird. So öffnete ich die Haustür und sah, wie er mir entgegenkam. Aber den Jeep, mit dem er gekommen war, kannte ich nicht. Er kam schnurstracks auf mich zu, in seiner rechten Hand trug er eine Karte. So, als wäre er um zwanzig Jahre jünger geworden, und in einer Art und Weise, die mir sehr fremd vorkam, sagte er:

»Schau bitte auf diese Karte.« Und er hielt sie dicht vor mich hin:

»Hier, an dieser Stelle sind wir jetzt. Hier oben, innerhalb der roten Linie, befindet sich eine Herde wilder Pferde. Es ist nicht leicht, sie zu finden. Es führen keine Wege dort hinauf, und es wohnt auch keine Menschenseele in der Nähe. Du bist ein freier Mensch, und du kannst tun und lassen, was du willst. Du kannst dich für das eine oder das andere entscheiden. Entscheidest du dich für die wilden Pferde, dann komm nicht wieder, wenn du frierst, wenn du Hunger hast oder wenn du glaubst zu krepieren. Komm erst wieder, wenn du sicher bist, daß du wiederkommen sollst. Ich bin ein armer Mann, ich habe nicht viel mehr als du. Aber ich will dir dieses Auto geben. Geh und suche die Pferde, geh und schau, wie es dir mit ihnen ergeht!«

Mein Gott, dachte ich, es war nicht zu Ende, es war doch noch nicht zu Ende! Das war alles, was ich denken konnte, denn meine Knie zitterten vor Schwäche. Und mir wurde unbeschreiblich leicht, als ich mit Getöse den Hof verließ. Und ich war glücklich, ja, ich war glücklich, und ich glaube, ich sagte ganz leise zu dem Alten, so daß er es gerade noch hören konnte:

»Gracias, hombre, gracias!«

4
... er trägt sie nicht, die Trauer der Menschen!

1

Die Sonne schien. Ja, ich bemerkte sie wieder. Sogar das alte Radio brachte ich dazu, ein paar krächzende Lieder von sich zu geben, und mit einer schwachen Stimme, die noch immer getragen schien von der Trauer der vergangenen Zeit, suchte ich die Melodien, und nur ganz langsam wurde mir das Neue der Situation bewußt, und ich wünschte mir nur, es möge noch nicht zu spät sein.

Mein Weg führte mich weiter nördlich in die Berge. Dabei kam mir jenes kleine Dorf in den Sinn, von dem ich vor Jahren einmal gehört hatte. Man sagte, eine Handvoll junger Männer und Frauen würde dort gemeinsam leben und versuchen, es wieder aufzubauen und zu bewirtschaften. Von dort aus konnte es mit dem Jeep nicht mehr allzu weit sein zu der Stelle, die mir der Alte beschrieben hatte.

Die Sonne knallte gegen eine Bergwand, die mein Gefährt in nicht endenwollenden Serpentinen zu erklimmen suchte. Schließlich gelangte ich in ein kleines, stilles Dorf, das von wenigen Menschen bevölkert wurde. Die meisten der Dörfer hier oben sind längst schon nicht mehr bewohnt. Sie vermitteln ein geheimnisvolles Bild. Unweigerlich muß man wohl anhalten – schauen – die verlassenen Gassen gehen, um sich vorzustellen, wie denn früher einmal das Leben hier ausgesehen haben mag, wie die Menschen und wie ihr Treiben. Dieses hier aber war bewohnt – sogar eine Bushaltestelle gab es.

Das Dorf machte einen verfallenen Eindruck – die alten Häuser schienen verlassen. Nur wenige stumme Zeugen des Lebens konnte ich finden. Ein Plastikspielzeug auf dem Trottoir, ein bunter Sonnenschirm hinter dem verrosteten Geländer eines Balkons, sanft im Wind flatternde Wäsche auf einer quer über die Straße gespannten Leine.

Stimmen drangen aus einer kleinen Bar. Drinnen war es schattig und kühl. Papierreste und Zigarettenkippen lagen überall auf dem Boden verstreut. Zwei alte Männer saßen an der Theke – ich grüßte freundlich und setzte mich an einen kleinen Tisch in der Ecke. Ich genoß die zurückhaltend verschwiegene Stille, die über diesen Resten des sicher einst blühenden Dorflebens lag, und die wenigen Menschen um mich herum. Ich aß, was man mir brachte mit eben der Dankbarkeit und Freude, die mir noch geblieben war.

Schließlich fragte ich die Kellnerin nach dem Dorf der Jungen. Sie kannte es, aber der Weg sei viel zu kompliziert, und es gebe auch keine Hinweisschilder. Aber am Nachmittag käme der Bus aus der Stadt, und für gewöhnlich seien immer ein oder zwei von denen aus dem Dorf darin. Sie würden einige ihrer Sachen, ihre Töpfereiwaren und vor allem das Brot verkaufen, das sie selbst backen würden und dafür eben jene Dinge einkaufen, die sie nicht selber herstellen könnten.

Wenn ich eines gelernt hatte, dann war es Geduld zu haben, zu warten. Ich setzte mich auf eine Bank am Rande des Dorfes. Es war ein kleiner Platz mit einem steinernen Quellbrunnen. Zwei Kinder spielten in der noch immer heißen, herbstlichen Sonne. Nach all den bedrückenden Monaten schien ich wieder in der wirklichen Welt zu sein. Und wie ich sie sah, die Kinder vor mir, da fühlte ich so etwas wie Heimweh. Heimweh? Wonach – wohin? Das Unglück der letzten Monate hatte ich verlassen. Und was ist geblieben von dem, was davor war? Was denn von meinem ursprünglichen Wesen ist mir geblieben? Ich hatte mich verändert. Ich bemerkte es daran, wie ich die Menschen wahrnahm, wie ich mit ihnen redete.

Schließlich kam der Bus. Ein klappriges, quietschendes Gefährt. Zwei alte Frauen, eine jüngere Frau und ein Mann stiegen aus. Die jüngere Frau trug einfache Hosen und feste Schuhe. Ich ging auf sie zu und fragte sie nach jenem Dorf.

»Ja, ich komme von da – wenn du willst, fahren wir gemeinsam rauf – du kommst doch mit dem Auto – oder?«

»Ja – ja«, antwortete ich etwas zögernd.

Wir erzählten uns viel – genauer gesagt, Anna erzählte viel – über das Dorf und über das Leben darin – wie sie dorthin gekommen sei und daß sie nun niemals wieder von da weg wolle. Eine Weltreise aber wolle sie schon noch einmal machen. Ich mochte Anna. Sie war klein, etwas rundlich und hatte ein freundliches Gesicht und ein wunderschönes Lachen. Über dem Berg kreisten Raubvögel – während der ganzen Fahrt beobachtete ich sie. Im kleinen Gang schlich der alte Jeep jetzt die engen, staubigen Serpentinen hinauf – und wir mochten wohl eine gute halbe Stunde gefahren sein, als es plötzlich, wie aus dem Nichts heraus, vor uns auftauchte – das kleine, verfallene Dorf.

Auf einem wunderschönen Bergplateau gelegen, blieb es lange unsichtbar für die, die kamen, öffnete sich aber denen in einem unbeschreiblich weiten Blick, die darin weilten.

Inzwischen war es Abend geworden, und das ganze Dorf versammelte sich an einem großen Tisch. Ich dachte nicht mehr an mein Pferd und den Alten und an die Einsamkeit, die mich Monate begleitet hatte. Auf dem überall abbröckelnden Putz hatte man versucht, etwas hellblaue Farbe zu streichen. Im Schein des flackernden Feuers, das in dem riesigen Kamin brannte, wirkte dieses fahle Blau jetzt wie von zartem, pulsierendem Leben erfüllt. Alle waren inzwischen gegangen, nur Paloma und ich sind geblieben. Ein kleines, zartes Wesen. Wir saßen und schauten in die Flammen. Sie kam aus Pamplona. Immer wenn sie Zeit hatte, kam sie hierher – per Anhalter oder mit einem der klapprigen Busse.

»Ich bin gerne hier – helfe im Garten und tue meinen Teil. Ich kann viel lernen von diesen Menschen. Sie machen alles selber – und die Tongefäße, die ich hier in der Werkstatt forme und brenne, nehme ich mit nach Hause.«

Ihr nun erzählte ich von den Pferden. Und von jenen fast verschollenen Gedanken, die mich einst trieben. Es schien mir alles so absurd, so lebensfern, so unendlich weit weg. Und je mehr ich dieser Frau erzählte, desto abstruser erschien mir alles. Ich hatte das seltsame Gefühl, daß ich mich möglicherweise auf eine fatale Weise geirrt hatte und daß nun das reale Leben wieder Einzug hielt in mein Dasein und mich wachrüttelte und mir sagte: »Mensch, wach auf, du träumst doch nur.« So ging ich weg von diesen Gedanken, zurück in diesen Raum, zurück zu Paloma. Da war das Flackern der Kerzen und das Feuer und das Holz in der Ecke und der zarte Duft dieser Frau. Das dunkle, samtene Rot ihres Kleides – ihre Haare wellten sich. Weiß – da war etwas weiß von ihrem Hemd. Die Tür zum Balkon war herausgebrochen. Es wurde ein wenig kühl.

»Du willst jetzt sicherlich mit mir schlafen,

stimmt's?« sagte Paloma, und sie verlor dabei nicht ein Quentchen ihres natürlichen, offenen Wesens. Ich hingegen zuckte etwas zusammen. »Stimmt«, sagte ich mit leicht belegter Stimme.

»Da muß ich dich aber enttäuschen – ich schlafe nämlich eigentlich nur mit Frauen.«

»Du machst Witze?«

»Nein.«

Ich blickte durch die herausgebrochene Balkontür in den klaren Sternenhimmel hinein, und lachte. Ja, ich lachte, und beinahe war es wohl so, dieses Lachen, als hätte alles das nie existiert, die letzte Zeit, die Verzweiflung und der alte Mönch.

2

Als ich aufwache, bemerke ich in mir wieder diese Angst. Immer am Morgen war sie da, früher einmal. Jetzt bemerke ich sie wieder. Ich liege auf dem Rücken, bin nackt, mit einer leichten Baumwolldecke zugedeckt. Paloma liegt neben mir, eng an mich gekuschelt. Ihre weiche Haut berührt mich. Sie ist etwas feucht vom Schweiße der Nacht. Langsam und tief atme ich – dann vergeht sie, meine Angst. Ich erinnere mich wieder, erinnere mich wieder an Paloma, an dieses kleine Dorf, und ich erinnere mich wieder an den Alten. Und ich denke einen Augenblick an Vali. Dann ist alles leer und dumpf.

Jetzt bin ich erst einmal hier, und das ist alles, was ich in diesem Augenblick an mich heranlassen will. Langsam und zärtlich streiche ich über das dunkle, kräftige Haar. Ohne ihre Augen zu öffnen, fragt sie mich, wann ich gehen will – zu den Pferden. »Hola, chica, cómo estás? guapa, no lo sé, no lo sé. No tengo ni idea. No puedo pensar en este tema. Ahora estoy en otro mundo.«

Die knochige Spitze einer Kiefer ragt in den Rahmen des alten Dachfensters. Ich beobachte, wie der leise Wind, der die steile Felswand hinaufkriecht, mit ihr spielt. So vergeht die Zeit. Und es scheint nichts mehr da zu sein. Nichts mehr von dem, was mich einmal angetrieben hat. Ich bin einfach hier und mehr nicht. Immer wieder schlafe ich kurz ein. Und wenn ich aufwache, ist sie wieder da, diese Angst. Aber nur für einen Augenblick, dann vergeht sie. Aber merkwürdig, jetzt scheine ich mich sogar über diese Angst zu freuen, denn sie ist das einzige, was mich in diesem Augenblick erfüllt. Und die glatte, straffe Haut von Paloma klebt an meiner. Und ich fühle, wie sich ihre Brust an die meine drückt, immer, wenn sie einatmet. Aber sonst fühle ich nichts.

Erst am Mittag stehe ich auf. Unter mir, in dem großen Raum, spielen Kinder. Ihre Stimmen dringen hell und hallend und fröhlich durch das Haus, und ich nehme sie wahr, genauso klar wie die Spitze der Kiefer am Morgen durch das Dachfenster. Ich nehme sie wahr, so als hörte ich zum ersten Mal so reine und klare Kinderstimmen. Ich lehne schweigend an einem kleinen, kühlen Mauervorsprung und lausche eine Ewigkeit diesem Gesang.

Und mein Denken hat nicht den Wunsch, und mein Körper hat nicht die Kraft, über dieses hinauszudringen. Ich bin wie gefesselt in diesem Augenblick, und kein Wollen und kein Wunsch und kein Streben ist da, das mich irgendwo hintreiben könnte, in die Zukunft, ins Glück oder ins Unglück, zu den Pferden oder zurück zu dem Alten.

Am Abend dann bin ich froh und glücklich, so viele Menschen um mich zu wissen. Ich sage fast nichts. Auch wenn man mich fragt, sind meine Worte knapp und kurz gewählt. Ich schaue, ich beobachte und scheine alles nur einzusaugen wie den salzig feuchten Nebel einer tosenden Brandung. Wie diese bewegt sich alles, schäumend und kräftig und wild, die Frauen, Männer und Kinder – tosend und ineinanderprallend. Und da ich abseits stehe, feuchtet sich meine Haut nur ein wenig und kühlt sie und gibt mir Kraft und das Gefühl, doch noch lebendig zu sein.

Hin und wieder lehnt sich Paloma an meine Schulter. Woher weiß sie so genau, daß ich jetzt nichts weniger gebrauchen kann als eine Frage oder eine Ermunterung oder gar Mitleid? Sie ist einfach da an diesem Tag, an diesem Abend – beruhigend und kraftvoll, aber nach außen unscheinbar und weich. Wenn sie da ist, atme ich tief. Und so sie nichts tut und nichts sagt, bewegt sie doch alles, was es nur zu bewegen gilt, und drückt doch alles aus, was es nur auszudrücken gilt.

Und so beginnt etwas in mir zu keimen, genauso schwach wie die Angst am Morgen. Und ich wende mein Gesicht zu ihr, und meine Wange berührt ihr Haar. Und da ich noch immer tief und kräftig atme, bemerke ich ihren Duft und ihr Mitgefühl. Und ich frage mich, wie es kommen mag, daß ich alles das zum ersten Mal wirklich und wahrhaftig zu erkennen scheine.

In meinem Erleben bringen die folgenden Tage keine Veränderung. Die Zeit vergeht. Es wird Tag und Nacht.

Dann wieder brennt die Sonne heiß, und ich bleibe liegen, wenn plötzlich das Wetter umschlägt und der warme Regen mir bis auf die Haut dringt. Und Paloma ist es, die mich mit ihrer Kraft sanft durch den Tag leitet. Und manchmal fragt sie – und ich erkenne einen Ton des Mahnens –, wann ich denn hinaus wolle zu den Pferden.

Zuerst habe ich ihr überhaupt nicht geantwortet, und dann sagte ich, ich wisse es nicht. Und dann sagte ich:

»Ich glaube, ich werde nicht hinausgehen. Nein, ich werde nicht mehr gehen. Ich will noch eine Weile hier bleiben, und dann werde ich dem Alten das Auto vor seine Tür stellen, und dann werde ich weitersehen. Nein, ich habe meinen Weg hier abgebrochen. Der Alte hatte recht, oder auch nicht. Es ist ohnehin vollkommen egal. Aber zu den Pferden werde ich nicht gehen.«

Paloma schaute mich nicht an, als ich so mit ihr sprach. Sie starrte stumm in eine Ecke des Zimmers, stand dann einfach auf und ging.

Am nächsten Tag aber fragte sie mich wieder, und es schien ihr nicht im geringsten etwas auszumachen, daß ich immer gereizter und wütender auf ihre ermahnenden Fragen reagierte.

»Was um alles in der Welt kümmerst du dich um meinen Kram? Ich meine, sicher, du hast es die ganze Zeit hier oben getan und es war wundervoll, aber warum kümmerst du dich auch um diese Sache? Merkst du nicht, wie du mich damit belastest? Ich habe dieses Thema abgeschlossen. Es ist zu Ende. Und das ist nicht sehr leicht für mich, das einfach so zu nehmen. Aber es ist nun einmal so. Es ist abgeschlossen. Bitte lege deine Finger nicht weiter in diese klaffende Wunde.«

Wieder starrte sie in die Ecke des Zimmers. Diesmal aber ging sie nicht. Sie kam zu mir, nahm vorsichtig meine Hand und legte sie um ihre Hüfte. Dann umarmte sie mich sanft, und wir standen wohl eine ganze Weile so. Und als schließlich unser Atem gleichmäßig ein- und ausströmte und wir uns immer mehr fühlten, da hörte ich, wie ich zu ihr sagte: »Morgen, morgen früh.«

Als die Tür des alten Jeeps zuschlug, wachte ich auf. Zuerst war ich wütend, sprang auf, dann ließ ich mich langsam zurückfallen. Es war noch dunkel draußen. Was für eine Frau bist du, was für eine Frau, dachte ich. Wieder hörte ich Geräusche aus dem großen Raum unter mir, Schritte, das schrille Knarren der Autotür, aber ich ließ es einfach geschehen.

Gleich wird sie kommen und kein Wort sagen, und mein ganzer verfluchter Krempel ist in dieser alten Kiste verstaut, genauso wie am ersten Tag.

Und wenn sie gleich raufkommt, dann sagt sie kein Wort. Sie tut so wie immer. Ich atme tief ein, und ich rühre mich nicht. Und ich vernehme jedes Geräusch draußen und im Haus. Das Rascheln und das Klappern, und dann die Schritte auf der Treppe. Und ihr leises Atmen, als sie still an das Bett tritt und kein Wort sagt, sich auf die Bettkante setzt und mir einen Kuß gibt und geht.

3

Man kann etwas tun und an etwas anderes denken, unkonzentriert sein, mit seinen Gedanken ganz woanders. Ich aber tat in diesen Tagen das, was ich tat, ohne das Gefühl zu haben, überhaupt irgendwo zu sein. Ich irrte umher, einer schwachen Ahnung folgend, und die Gefährlichkeit des Weges und die feststeckenden Räder und das herabstürzende Geröll waren dankbare Angelhaken meines kaum noch wachen Bewußtseins.

Irgend etwas in mir sorgt für das Tägliche. Wie durch einen Schleier dringen meine Handlungen, die ich verrichte, zu mir. Ich habe Hunger und Durst, und der Schmerz hierüber hält mich wach. Das Auto habe ich zurückgelassen. Wege gibt es nicht mehr. Ich folge den ausgetrockneten Flußläufen. Hier kann ich einigermaßen sicher gehen. Paloma warnte mich vor den Skorpionen. Jeden Morgen schaue ich in meine Stiefel und schüttele all meine Kleider aus.

Es wird Nacht. Ich lasse mich auf meinen Rucksack sinken. Meine Plane binde ich im Gestrüpp am Flußufer fest. Ich habe Hunger, esse etwas von dem letzten Brot und Knoblauch. Mein Gott, was bin ich dünn geworden, Haut und Knochen. Ich lege mir den Rucksack unter den Kopf und schlafe.

Als ich aufwache, schießt es mir durch den Kopf: die Aufzeichnungen! Ich habe vergessen, mir gestern den Weg aufzuzeichnen in meinem kleinen Büchlein, den Weg, den ich gestern zurückgelegt hatte. Ich habe Angst. Verdammt, wenn ich nicht mehr zurückfinde! Hier ist doch kein Mensch! Aufgeregt wühle ich in meinem Rucksack. Welchen Weg bin ich gestern gegangen? Ich male den Fluß. An welcher Stelle hatte ich ihn verlassen? Bleib klar im Kopf, keine Panik. Reiß dich zusammen!

Mein Blick gleitet hinunter ins Tal – einen bekannten Punkt zu suchen, die Orientierung zu finden. Langsam sinken meine Hände, der Block und der Stift zu Boden. Da sind sie! Da sind sie! Himmel, da sind sie! Über eine weiße Felsenschicht hinweg, durch das feine Gestrüpp, erkenne ich sie auf einem langgezogenen Plateau. Es sind über zwanzig, bestimmt, es sind über zwanzig Pferde. Ja, bestimmt über zwanzig!

4

»Mein Gott, wie siehst du aus! Mein Gott! Komm her, komm setz dich. Trink das. Kannst du etwas essen? Sag doch, ob du etwas essen kannst! Was hast du getan? Wir haben dich überall gesucht!«

»Laß nur, es geht schon, es geht schon. Ich komme schon wieder auf die Beine.« Das Sprechen fällt mir schwer.

»Die erste Zeit ging es gut, aber der Rückweg – der hat mich geschafft. Paloma, ich habe sie gefunden, ich habe sie gesehen, und sie haben mich gesehen. Gib mir bitte etwas Wasser. Ich muß langsam wieder anfangen, etwas zu essen, Paloma!«

Schon bald gewöhne ich mich wieder daran, feste Nahrung zu mir zu nehmen. Wie viele Tage ich ausschließlich von einigen Kräutern, Beeren und Wildgemüse gelebt habe, weiß ich nicht genau, aber ich war über einen Monat fort. Mein Nahrungsvorrat war jedoch schon nach kurzer Zeit erschöpft. Und erst ganz langsam kann ich alles das einordnen und zusammenfügen, was ich gesehen, erlebt und gefühlt habe.

Am schwersten fällt mir die Erinnerung an die ersten Tage. Eigentlich ist nur noch das quälende Hungergefühl wach in mir. Es muß wohl zwei Tage angehalten haben, dann aber war es verschwunden. Wasser gab es genug, und ich war sicher, lange Zeit überleben zu können mit den Dingen, die ich finden würde. Holz gab es schließlich, und so konnte ich mir jeden Abend ein Feuer bereiten und eine Suppe mit verschiedenem Wildgemüse. Salz hatte ich ausreichend – Gott sei Dank.

Einige Tage vergingen, dann schließlich kam Paloma zu mir, um mich zu bitten, von den Erlebnissen in den Bergen zu berichten. Wir setzten uns in eine Ecke auf den hölzernen Balkon. Das Geländer war zur Hälfte zerfallen. Von hier aus hatte man den Blick frei in das weite Tal.

Eine steile Schlucht begrenzt das Dorf, und die Raubvögel kamen bis dicht an die Häuser heran, um sich von den Winden nahe der Felswand tragen zu lassen. Davor liegt der kleine, runde Platz, eine einfache Begrenzung aus aneinandergelegten Bruchsteinen. Jahrhunderte schweben über diesem Platz, das Leben vieler Generationen.

Paloma sitzt zusammengekauert auf den Holzbrettern. Sie trägt eine kurze Hose aus einem feinen, dünnen Stoff, sonst nichts. Die meisten Menschen in diesem Dorf laufen spärlich oder überhaupt nicht bekleidet des Tags herum. Die Kinder sind praktisch immer nackt. Palomas Haut ist dunkel gebräunt. Wie schön sie ist, denke ich.

»Ich weiß noch nicht genau, was eigentlich passiert ist. Aber ich weiß, daß es etwas Wichtiges und für mich Einmaliges war. Wie soll ich es dir nur beschreiben? Ich hatte aufgehört zu suchen. Ich wollte nichts mehr. Ich konnte einfach alles sein lassen, wie es war. Ich brauchte nicht mehr zu urteilen, nicht mehr Gut und Schlecht zu trennen. Es gab einfach nichts mehr da draußen in dieser Zeit als meinen Hunger und die Tatsache, daß ich noch lebte. Aber selbst das wurde zu einem verschwommenen Erleben. Verstehst du? Ich habe immer nur ein Pferd gesehen, dann noch ein anderes, aber ich habe nie das gesehen, was dazwischen ist, zwischen, über und unter ihnen.«

Ich schaue auf das Haus gegenüber und auf die Blumentöpfe, die auf dem steinernen Treppengeländer stehen. Die Sonne wirft ihre langen Schatten auf den staubigen Weg. Die wunderbare Stille wird nur gelegentlich von den feinen Kinderstimmen untermalt, die der warme Abendwind bis zu uns herüberträgt. Ich lausche noch eine ganze Weile diesem zarten Gesang, ehe ich mit meiner Schilderung fortfahre:

»Als ich sie gesehen hatte, da war ich wie gelähmt. Ich weiß nicht, warum. Es war eine kleine Herde wilder Pferde, doch ich war einfach wie gelähmt. Und ich war zufrieden. Ja, das ist, glaube ich, der richtige Ausdruck. Ich war zufrieden, so, als ob ich irgendwo angekommen wäre nach einer langen Reise. Und ich war unglaublich müde und erschöpft. Aber ich konnte keinen Hauch Freude in mir darüber entdecken, daß ich sie gefunden hatte. Es war eben, wie es war, und mehr nicht. Ich beschreibe dir das, weil ich jetzt ganz sicher bin, daß der Zustand, in dem ich mich befunden habe, viel wichtiger war als alles das, was ich tat, und als alles das, was ich sehen und denken sollte. Denn dieser Zustand war Ausgangspunkt, Weg und Ziel in einem.«

Paloma sah mich ruhig und schweigend an, wie ich so erzählte. Hin und wieder schaute ich in ihre dunklen Augen. Ich nahm ihre Hand, streichelte zärtlich über ihr Haar, über ihre Schulter, über ihre Brüste. So saßen wir noch einen Moment schweigend beieinander. Dann sagte Paloma:

»Laß uns zu den anderen gehen. Es ist Essenszeit. Aber später erzähle mir bitte, was du erlebt hast, was passiert ist, alles, an das du dich noch erinnern kannst. Machst du das?«

Ich sprang auf wie ein Wilder, stampfte auf den wackeligen Brettern des Balkons umher und schrie, so laut ich konnte, in das Tal:

»Si, señora, si señora...!«

Paloma sprang zur Seite durch die offene Tür ins Zimmer und lachte laut. Sie lachte selten so laut. Und weil ich ihr offenes Lachen so liebe, turnte ich noch eine ganze Weile so herum auf dem Balkon, und die Kinder kamen und johlten und klatschten.

5

»Da ich die Pferde nun gefunden hatte, wollte ich sie eben nicht mehr verlieren. Das war wohl der einzige Wunsch in mir. Ich wollte sie nicht verlieren, und in diesem Punkt hatte ich wirklich Angst und Sorge. Wenn ich sie erschrecken würde und sie davongaloppierten. Ich würde sie niemals wiederfinden. Das waren meine einzigen Gedanken in der ersten Zeit.

Einige Tage später dann erkannte ich, daß ich sie niemals verlieren konnte. Es wurde ein Spiel, ein Tanz, ein Miteinander zwischen mir und den Pferden und zwischen den zwei Gebirgszügen, die das langgestreckte Tal begrenzten. Anfangs achtete ich fast ausschließlich auf ihre Spuren, die großen Kothaufen des Hengstes, die abgefressenen Futterplätze, die zerdrückten Gräser der Ruhestätten.

Und in den ersten Tagen waren es mehr die Spuren, die sie hinterließen, als die Pferde selbst, was mich zu interessieren und immer weiter zu fesseln schien. Ich sah sie ohnehin nur aus der Ferne gelegentlich einmal. Aber ich lernte sie kennen durch das, was sie hinterlassen hatten. Ich fühlte mich schwach und müde und hatte große Mühe, auf den Beinen zu bleiben. Ich versuchte, ihren Wegen zu folgen. Ich nächtigte da, wo sie genächtigt hatten, obgleich sie eine solche Unterscheidung von Tag und Nacht nicht wirklich zu kennen schienen. Meist ruhten sie mehr in der Nacht, aber manchmal auch schien es mir, als wären sie nachts besonders lebendig.

Es war, wie wenn man in die Wohnung eines Menschen kommt und sein Wesen und seine Gewohnheiten und seine Eigenschaften erspüren will durch all die Spuren, die er hier hinterlassen hat. Ist das nicht ein viel feinerer, indirekter und gleichzeitig komplexerer Bezug, den man auf eine solche Art und Weise gewinnen kann?

Ich machte mir allerdings überhaupt keine Gedanken darüber. Ich war einfach nur. Ich war und handelte, ohne einen inneren Motor zu verspüren. Ich wandelte auf ihren Wegen und hatte das Gefühl, daß sie eben auch auf den meinen wandeln würden. Es kamen die Tage, da der Hungerschmerz nachließ. Ich gewöhnte mich an die knappe Nahrung. Das Dasein in den Bergen in der Gefolgschaft der Pferde wurde mehr und mehr zu einer unumstößlichen, greifbaren Tatsache, zu einer Abfolge immer komplexer werdender Rituale.

Ohne es eigentlich wirklich zu wollen, lernte ich ihre Wege kennen, ihre Eigenarten – eben alles aus der Ferne. Eine Begegnung ganz zarter Art verspürte ich, und ich weiß nicht, ob es an den Winden gelegen haben mag. Es hatte geregnet zuvor, und jetzt schien urplötzlich die Sonne. Sie prallte auf die nackte, felsige Steinwand, und der feuchte, nasse Film, der noch glitzernd auf dem Felsen lag, trocknete in einem feinen weißen, nebligen Flimmern. Die Moose waren jetzt dunkel, saftig grün, mit einem leichten Glitzern des hereinfallenden Lichtes. Und glitschig waren sie, denn der Staub der Tage war heruntergewaschen, und es blieb eine glatte, feuchte Masse. Und überall regte es sich und knisterte es, und die letzten schweren Tropfen fielen von den Bäumen. Ich streifte mit meinem Rucksack einen herausragenden Ast einer knorrigen Kiefer. Er schnellte zurück und peitschte gegen meinen Arm. Ich drehte mich zur Seite, um zu schauen – und ich weiß nicht, wie weit er von mir entfernt war –, es ging so schnell, aber das Bild des Hengstes ist mir noch so vor Augen wie in dieser Begegnung mit ihm. Erschrocken riß er herum, machte einen Satz auf mich zu, stand reglos wie ein silbrig glänzender Stein für einen winzigen Augenblick, für eine halbe Ewigkeit. Es ging so schnell, und doch sah ich alles an ihm ganz genau: seine graubraune Flanke, seine dunklen Augen und sein wie märchenhaft schimmerndes weißes Fell. Blitzartig wandte er sich zurück, und ohne noch einmal auf mich zu schauen, galoppierte er ins Tal.

Jetzt erst bemerkte ich die ganze Herde, die im Tal unten gegrast hatte. Mit wild wehender Mähne trieb er sie an. Sie preschten durch das Gestrüpp, und nur noch die aufpeitschenden Regentropfen zeigten mir den Weg, den sie genommen hatten. Ich fühlte mich wie von einem Blitz getroffen.

Paloma, versuch zu verstehen. Die Distanz und das feine Miteinander, das uns auf so subtile Art und Weise in diesen Tagen verband, das Aneinandergewöhnen, das Respektieren, das Ineinanderfließen – und dann, vollkommen unerwartet, krachen wir aufeinander. Nur ein einziges Mal habe ich den Hengst so dicht vor meinen Augen gesehen, doch dieser Augenblick war ein ganz entscheidender.

Es war die eindrücklichste und ergreifendste Begegnung mit einem wirklich wilden und freien Wesen. Es war eine Begegnung, die mich erschütterte in Mark und Bein. Mein Vali, er ist verrückt und wild und gefährlich und ungezähmt, aber er ist auch traurig. Er trägt die Trauer der Menschen. Dieses Pferd aber ist nur eines: sich selbst, es selbst, es ganz allein. Es trägt nicht einen Abdruck, nicht eine Verfälschung, nicht eine Beule, die ihm von einem Menschen zugefügt wurde. Da ist nur ungebrochenes Vertrauen in seine Welt. Es ist pures, reines Existieren. Ich hatte Tage nichts Richtiges mehr gegessen. Meine Sinne waren durch nichts abgestumpft, keine Reize, kein elektrisches Licht. Die absolute Natur und die absolute Ruhe.

Ich hatte alles zurückgelassen, alles, sogar mich selbst. Ich war nicht mehr auf der Suche, ich war nichts mehr. Und dann stand er da, der lebendige Ausdruck des puren Seins, des puren Lebens. Es war, als würge es mich, als schlage jemand mit tausend Peitschen auf mich ein! Ich sehe all die Pferde vor mir, die ich kenne, die ich gesehen habe. Verstehst du? Ich sehe die Boxen und die

Ställe, ich sehe den ewig grauen Reithallenboden, ich sehe die Peitschen und die Gurte und die Käfige und Transporter und die Menschen, wie sie fluchen und schlagen. Und genauso sehe ich auch Vali und mich, wie ich fordere, drücke und dränge. Und vor mir dann sehe ich, was es wirklich ist, was es wirklich sein könnte, was es einmal gewesen ist: Urgewalt, glitzernder Stolz – allem, was ich an mir erkenne, um Lichtjahre überlegen. Ein kleiner Mensch steht hier und erschauert vor dem Bild eines wirklichen Pferdes.«

Ich sah hinunter ins Tal und sagte eine Weile nichts und war glücklich, daß auch Paloma nichts sagte, nicht ungeduldig fragte. So forschte ich in aller Ruhe in meinen Gedanken wie nach einer kleinen Melodie.

»Was geht in einem Menschen vor, Paloma, der durch ein plötzliches, unerwartetes Ereignis eine enorme Veränderung für sein weiteres Leben erfährt? Nimm doch nur die faszinierenden Berichte der Menschen, die an der Schwelle des Todes standen, und vergleiche ihr Leben danach mit dem vor diesem Ereignis. Wie viele Menschen erlangen eine unerwartete Erfüllung nur dadurch, daß womöglich genau das eingetreten ist, wovor sie sich solange gefürchtet hatten: eine schwere Krankheit, ein sozialer Rückschlag, eine Trennung oder was für ein Schicksalsschlag auch immer? Was geschieht in solchen Momenten, und was geschah mit mir in diesem kurzen Augenblick?

Nach einer Weile sagte Paloma:

»Wenn ein Körper fast gestorben ist, dann ist die Hülle sehr dünn, unter der die Seele verborgen liegt. Ist sie in solchen Augenblicken nicht ganz besonders empfänglich für jene Reize, die nur sie verstehen und aufnehmen kann? Und wirkt das dann nicht wie ein bleibender Eindruck? Und ein solches Erlebnis, ist es nicht wie eine unsichtbare Grenze? Sind ab jetzt nicht ganz andere Werte als zuvor, ganz andere Lebensinhalte von Bedeutung?«

Und etwas später sagte sie noch:

»Ich wünsche mir, die Tage so zu erleben, als würde ich morgen sterben – leben die meisten Menschen nicht so, als würden sie nie sterben?«

»Da draußen, Paloma, die Tage da draußen, sie kamen mir in gewisser Hinsicht so vor, als wären es eben meine letzten – ohne Nahrung, ohne Sicherheit, keine Menschenseele in der Nähe. Es war wie eine Wanderung zwischen den Welten.«

»Ja, ich glaube, ich weiß, was du meinst. Ich kenne dieses Gefühl sehr gut. Zwar ist man derjenige, der handelt, und doch läßt man sich ganz und gar leiten von den unsichtbaren Zeichen der Zeit. Es ist, als sei man aktiv und passiv in einem. Es wird einem etwas zuteil, etwas zum Geschenk gemacht, und doch ist es der eigene Wille, der die Grenzen zu überschreiten sucht.«

Ich sah in ihr Gesicht, das mir jetzt besonders fein und klar erschien, und ich spürte ihre Stärke, als sie noch sagte:

»Es ist, als folge man sich selber, ohne sich selber zu haben! Und es ist, als kehre man zurück auf den einzigen Weg, den ein Mensch beschreiten sollte – auf den Weg der Ehrfurcht allem Lebendigen gegenüber. Gingen die Menschen diesen Weg, wie könnten sie dann noch die Welt in dieser furchtbaren Weise zerstören?«

6

Das Wetter schlug um. Die Nächte wurden kühler, es regnete häufig. Der Herbst kündigte sich an mit Macht. Das kleine Dorf liegt wohl über tausend Meter hoch. Hier beginnt der Winter viel früher als nur wenige Kilometer weiter südlich am Fuße der Berge, in der Nähe des Meeres.

Immer wieder schweife ich in meinen Gedanken in jener Landschaft umher, in der die Verzweiflung und die Leere das einzige waren, was von mir übriggeblieben ist: Das langgezogene Tal der Pferde, zum Westen hin geöffnet, versinkt die Sonne zwischen den Bergketten zur Rechten und zur Linken. Der kleine Fluß in der Mitte, und das gewaltige Gebirge hinter mir türmt sich noch einmal gut tausend Meter auf, um dann mit den schneebedeckten Gipfeln in ein anderes Land hineinzuwachsen. Da ist immer wieder jene seichte Stelle, kiesbedeckt, nur wenige große Steine ab und an. Sie zieht sich in einer Lieblichkeit in die kargen Auen hinein, daß man glauben mag, sie entspringe in Wahrheit einer anderen Landschaft. Hatte ich sie verloren, die Pferde, mich verirrt, sie Tage um Tage gesucht, hier fand ich sie wieder. Die großen, sauren Gräser der feuchteren Zonen mochten sie genauso locken wie der sandige Schlamm zum Wälzen, der sich in einer kühlen, schützenden Schicht um den Körper legte, schützend vor den Insekten und der stechenden Sonne. Hier fand ich sie immer wieder, die Pferde, um sie aus der Ferne zu beobachten, nein, um sie aus der Ferne anzuschauen. Und für einen Moment schien auch der Hengst seine Aufgabe zu vergessen, wenn er ruhiger und gelöster als sonst sich den langen, saftig grünen Gräsern hingab.

Nie traute ich mich dichter heran an sie, aus Angst, daß sie erschrecken und davonlaufen könnten. Und doch, als das Denken weiter versickerte in der Gewaltigkeit dieses Erlebens und in die sanfte, warme Liebe hinein, die ich mehr und mehr für diese Wesen empfand, da bewegte sich mein Körper hinunter zu ihnen, und er gab mir das Empfinden, daß ich mich ihnen zeigen sollte. Denn ich wollte, daß sie mich sehen, so, wie ich sie sehen konnte, daß jede Heimlichkeit und jede Verstecktheit sich öffnen möge in ein gleiches Miteinander.

Und das Fühlen gab mir den Weg und die Richtung, verstand ich doch nichts von dem, was ich tat. Und doch bemerkte ich, daß die Herde nur ruhiger wurde, als sie mich sah, als sie mich erkannte, denn jetzt standen wir uns gegenüber, von Angesicht zu Angesicht. Und so konnten sie erkennen, daß ich nichts wollte von ihnen. Und darum, ich war mir sicher, sind sie geblieben. Wie auch immer sie das erkennen konnten. Doch sie erkannten, daß ich nichts von ihnen wollte. Und wenn ich mich in den Jahren danach auch den gefährlichsten Pferden näherte, den wildgemachten, den verrücktgemachten – immer wieder aufs neue entstand in mir dieses Bild. Der Eindruck dieses Augenblicks: Alles in mir drückte nur eines aus:

»Ich will nichts von euch, ich will nichts von dir.«

Und da ich nicht über all das nachdachte, fand ich wohl jenen ersten wirklichen Zugang zu den Wesen, die mein ganzes Interesse auf sich gezogen hatten. Jenen Zugang, der der Schlüssel, der Ausgangspunkt für mein zukünftiges Zusammensein mit den Pferden werden sollte und der Ausgangspunkt für die Reise in mich selbst. Mir wurde klar, daß es nur eine Form geben kann, sich diesen Wesen ihnen gemäß zu nähern: indem die innere Wahrhaftigkeit eines Menschen sein Wesen und seinen Körper so zu durchdringen vermag, daß seine ganze äußere Erscheinung hiervon kündet.

Wie auch immer sie es registrieren mögen, doch sie registrieren es. Alles, was aber nicht diesem Zustand entspricht, muß in ihnen Furcht und den Gedanken an Flucht auslösen und, wenn man ihnen die Möglichkeit zur Flucht nicht läßt, zu höchstem Mißtrauen und Aggression führen. Der Anfang der Begegnungen zwischen den Menschen und den Pferden liegt also nur dort – nämlich bei den Menschen.

Und wie ich so dicht bei ihnen stand, bei den Pferden, den wilden, den wahrhaft lebendigen, den beseelten, den friedfertigen, den geduldigen, und nichts sich von dem in mir regte, was ich aus den Jahren zuvor kannte, da wußte ich, daß ich hier die erste und größte Aufgabe zu bewältigen hatte. Nämlich in diesen Zustand zurückzufinden, auch dann, wenn das Getriebe der Welt mich zu zermalmen drohte.

Und ich wußte eines mit Bestimmtheit: In ihnen fand ich meinen Prüfstein. Wo auch immer ich auf sie treffen würde in der Welt, an ihren unmittelbaren Reaktionen würde ich erkennen können, wie weit ich entfernt bin von jenem Sein, in das das Schicksal mich so erbarmungslos hart hineingeworfen hatte in diesen Tagen. Und jene erste Spur, die ich zu greifen glaubte, bewahrheitete sich in den Jahren danach mit nahezu prophetischer Sicherheit. Bis heute aber sollte ich diesen Zustand nie wieder erreichen.

Ich weiß nicht, wie lange Paloma schon neben mir saß. Ich folgte meinen Gedanken und fühlte, daß sie in der

Nähe war. Ich sah sie an und dachte daran, was ich ihr wohl alles zu verdanken hatte.

»Als ich da so stand, Paloma, da schaute ich auf den Boden, und der Hengst sah mich, bemerkte mich, schaute ab und zu und fraß dann. Und wenn sich die Stuten bewegten, die in einem großen Pulk zusammenstanden, dann bewegte sich auch der Hengst. Weißt du, es war wie eine ganze Einheit, es war etwas Zusammengehörendes und nicht mehr bloß die Summe aller Einzelteile. Nein, das eine war ohne das andere nicht zu denken. Da waren nicht ein Hengst und eine Herde, da waren nicht die eine oder andere Stute oder ein Fohlen, da war etwas Ganzes, das in sich organisiert und strukturiert war. Und ich schaute weiter auf den Boden, und jetzt fing etwas in mir an zu spielen. Ich wagte nicht, die Augen zu heben. Ich ging erst einige Schritte zurück, und dann – gib acht Paloma, was dann passierte. Du mußt dir die Situation genau vor Augen führen. Ich war da, dumpf und ausgebrannt. Ich stand in der Pfütze und wagte nicht zu atmen. Und vor mir, in geringer Entfernung, war dieses reine Wesen, unberührt, in Saft und Kraft – und dazwischen war nichts, absolut nichts. Und jetzt, jetzt wurde mir etwas klar, Paloma. Wenn das da eine Einheit war, diese Herde, dann gehörte auch ich in diesem Augenblick dazu. Das heißt, wenn es mir also weiter gelingen würde, in diesem Zustand zu bleiben, jenem Zustand, in dem mich die Herde in relativer Nähe akzeptierte, dann war ich also ein Teil von ihnen, und dann mußte es mir auch gelingen, das Ganze in dieser Schlichtheit mitzugestalten. Ich atmete ruhig und tief durch, und jetzt bewegte ich mich kaum merklich zur Seite, tangential sozusagen, zu der Herde. Und weißt du, was dann geschah? Der Hengst folgte jedem meiner Schritte. Dieses wilde Tier, ungebändigt und niemals in Berührung gekommen mit einer menschlichen Hand, folgte jedem einzelnen meiner Schritte. Ich war ein Teil des Ganzen und formte das Ganze. Ich ging nach vorne, der Hengst folgte. Verstehst du, Paloma? Ohne Strick und ohne jede mechanische Verbindung bewegte ich dieses wilde Tier. Ich weiß nicht mehr, wie groß die Entfernung war, es mochten dreißig Meter gewesen sein oder mehr, und doch handelte ich mit ihnen zusammen. Jetzt schließlich bewegte sich die Stute, die die Herde anführte. Sie drehte einen Kreis um den Pulk. Ich stand still. Dann, mit einem Male, preschte der Hengst auf die Stute zu, wirbelte seinen Kopf wie wild nach rechts und links. Die Stute galoppierte auf die Wälder zu, und alle folgten ihr nach.

In diesem Augenblick war mir klar geworden, daß das Zusammensein und die Verständigung mit diesen Wesen nur dann wahrhaftig sein kann, wenn es in ihrem Sinne erfolgt, im Sinne dieser Gemeinsamkeit und mit Hilfe jener Sprache, die die ihre ist. Es ist die Sprache der Sinne, des Körpers und des augenblicklichen Erfühlens und Erlebens.«

7

Was für eine glückliche Fügung, daß ich in dieser Zeit Paloma an meiner Seite hatte. Nicht nur, daß da jemand war, mit dem man die Stunden des Tages teilen konnte, mit dem gemeinsam womöglich die Aufgaben, Pflichten und Verrichtungen in angenehmerer Weise zu erfüllen gewesen wären. Nein, sie war das Wesen an meiner

Seite, das alles das schon auf ihre Art in sich trug, wonach ich suchte.

Mir in so vielen Dingen weit voraus, erfühlt sie, wo andere Menschen krampfhaft fragen, sieht sie, wo andere an der Oberfläche sich täuschen, wartet sie, wo andere fordern, und hilft sie, wo andere doch nur sich selber sehen würden – wären sie denn dazu imstande. Nicht wissend um ihre Macht, nicht wissend um ihre Kraft, ist es die Unschuld, die vorsichtig verwaltend das Glück der anderen im Auge behält, aber sich selbst dabei niemals verleugnet. Wenn sich die anderen trollen und ihren kleinen Geistern frönen, dann scheint sie eine von ihnen zu sein, freudig und freundlich mit ihnen das Gelingen feiernd, und dennoch zu keiner Gemeinheit willig und fähig. Sie ist eine Frau.

Sie ist unberührt geblieben von jenen Mächten und Kräften, die dem Weiblichen das Mindere zuordnen wollen, mit aller Macht – mit aller männlichen Macht. Denn die männliche Impotenz einer vor Feigheit sabbernden Zeit können solche Frauen nicht ertragen.

Menschen gibt es viele, aber Männer und Frauen? Ich denke oft an Paloma in jenen Wochen auf den Spuren der Pferde. Jetzt sind es schon viele Wochen, die ich ihnen folge, und ich denke an Paloma, denn das, was ich erlebe, fühle und von dem ich ein Teil geworden bin, wie es mir scheint, das bewegt sich zwischen den Extremen. Und der Spannungsbogen wird gehalten in seiner ganzen Energie, genauso wie in seinen räumlichen Ausdehnungen über die zwei Wesen, die die Gruppe, die Herde zu definieren scheinen.

Und mehr und mehr richtet sich meine Aufmerksamkeit auf jenes Wesen, das sich von allen am unscheinbarsten verhält. Erst mit der Zeit und mit der

Ruhe und mit dem Immer-vertrauter-Werden, offenbart sich mir dieses Wesen in seiner ganzen inneren Größe. So unscheinbar auch alles wirkt an ihr, so ohne jeden Schmuck. Da ist der Tänzer, der sich darstellt, immerzu und in der schönsten Weise, stolz und erhaben, bewegend und stürmisch, wichtig und überschwenglich, immer dreinspritzend in alles wie in eine saftige, platzende, sonnengereifte Frucht. Da ist das Eitle, die Selbstbespiegelung, da ist die Arroganz und die Zurschaustellung. Da ist der Hengst, auffällig und prächtig, und da ist die Bewegung. Und so ist es, so muß es sein. Was aber stellt er dar, was bewegt er, wessen Macht repräsentiert er?

Das Wesen, das ich immer mehr sehe, agiert am allerwenigsten von allen. Hager ist sie, klein und schmächtig. Und wie ich sie so sehe mit den Tagen, da sehe ich in ihr ebensolche Schönheit wie in dem Hengst. Eine andere Schönheit. Ihre Macht aber, ja, das wird mir immer deutlicher, ihre Macht ist ungleich größer. Sie ist die wahre Kraft in dieser Gemeinschaft. Sie ist die Seele des Ganzen. Das, was sich bewegen läßt, doch in welche Richtung und in welche Art, das ist ihr Teil ganz allein.

Und in den Wochen, die kommen, sehe ich den Hengst nicht mehr. Denn ich bin fasziniert von diesem Pferd, das führt, ohne im mindesten herrschsüchtig zu sein, das leitet, unaufhörlich und immerfort, ohne zu drängen, zu drücken, zu fordern, ohne zu pressen, ohne Gewalt, ohne irgendeine Demonstration seiner Macht: die Leitstute, zurückhaltend und ausweichend. Und in diesem Wesen vermute ich einen Schlüssel, der mich die Welt besser verstehen läßt. Was ist das für ein Geheimnis um dieses Pferd? Und ich dachte in diesen Tagen oft an Paloma.

8

Noch einmal flackert der Sommer auf. Und wenn sich die Wolken lichten, dann kommt die Sonne mit ihrer südlichen Pracht und brennt auf das noch feuchte Grün. Dann riecht es wie im Frühling, nur noch satter und kräftiger, so als könne man sie leibhaftig greifen, die Luft. Sie reißt alle Wesen noch einmal mit sich für diese Zeit. Und sie regt sie noch einmal an, sich zu öffnen, sich zu lieben, zu spielen, sich zu vergessen, zu lachen, sich zu freuen und den Göttern zu danken.

Wir liegen hinter einem kleinen Hügel, denn das Wasser des tiefen Bergsees ist so kalt, daß es auch den zarten Wind abkühlt. So finden wir Schutz hinter ein paar kargen Pflanzen und trocknen unsere Haut in der milden Herbstsonne. Wir atmen kräftig und weiten uns langsam wieder, denn die plötzliche Kälte des Wassers hatte uns wie mit einem Schlag zusammengedrückt. Es geht mir gut, und ich frage Paloma, ob es ihr auch gutgehe. Schnell hatte ich mein altes Gewicht wiedergefunden, und durch die Ruhe und durch das Zusammensein mit Paloma finde ich langsam zurück zu meiner Kraft.

Wir hatten den Vormittag im Garten gearbeitet, Löcher gegraben für die Mieten, in denen dann in den kommenden Tagen und Wochen das Gemüse für den Winter gelagert wird. Es gibt immer viel Arbeit hier im Dorf. Ein jeder versucht, alles zu machen. So greifen die Menschen Hand in Hand, und so bleibt die Arbeit abwechslungsreich und leicht. Die Menschen singen ihre Lieder dabei in ihrem Dialekt. Ich singe gerne und viel und spiele oft auf der Gitarre. Wenn sie aber ihre Lieder singen, dann höre ich nur zu. Noch viele Jahre sollten sie in mir klingen. Auch die feine, leise Stimme von Paloma, denn das war das einzige, was mir nach unserem Abschied von ihr bleiben sollte, denn unsere Wege trennten sich für immer.

Noch aber lagen die Monate des Winters vor uns, jene unvergeßliche Zeit, in der ich immer wieder Ausschau hielt nach den Pferden. Und hin und wieder auch zogen wir gemeinsam los in die Berge.

Wir genossen diesen sonnigen Nachmittag und die verschwiegene Stille des kleinen Sees, und wieder fand ich in Paloma jene Entsprechung, die meine Gedanken zu reflektieren, zu filtern vermochte, zu reduzieren auf das Wesentliche.

»Paloma, dieses kleine Pferd, noch immer denke ich an diese kleine Stute. Was war wohl ihr Geheimnis, worin bestand ihre Kraft und ihre Unmittelbarkeit? Keines der Pferde, nicht einmal der junge Rapphengst, konnte mich so faszinieren wie diese Stute. Wenn sie grasten, dann stand sie in aller Regel etwas abseits. Auch ihr Fohlen war niemals so dicht bei ihr, wie die Fohlen der anderen Stuten. Es tobte wie wild umher, und sie ließ es gewähren, die anderen Stuten waren wesentlich mehr um ihre Fohlen bemüht als sie. Und sie stand zumeist schon in jene Richtung ausgerichtet, in die sie die ganze Herde später führte. Und oft war ihr Kopf aufgerichtet, und dann schaute sie und nahm die Witterung auf und beobachtete den Hengst. Manchmal kam er auch in ihre Richtung. Die anderen spielten miteinander, die Stute aber war die meiste Zeit allein. Doch ihr Wesen und ihre Kraft schien alles auszufüllen, ohne daß sie etwas tat, sie war einfach da. Und niemals kämpfte sie mit einer der anderen Stuten, sie ging durch ihre

Herde und wurde einfach akzeptiert. Zwei der Stuten, in ihrem Rang viel niedriger, waren größer und runder, muskulöser und ihrer äußeren Erscheinung nach viel schöner als sie. Doch in gebührendem Abstand wichen sie der Leitstute, und wenn diese dann die Herde umkreist und zusammengetrieben hatte als Zeichen zum Aufbruch, dann folgten ihr alle, sie folgten ihr einfach.

Wie nobel sind sie organisiert, wie fein, wie geistig ist das Gewebe, das sie zusammenhält und zusammenfügt, in Einheit und in Freiwilligkeit, verstehst du? Und dann kommt so ein edles Wesen in die Gesellschaft eines Menschen, der es gewohnt ist, mit Machtmitteln und mit Gewalt seinen Willen durchzusetzen. Was für eine jämmerliche Kreatur ist so ein Mensch in den Augen eines Pferdes, ist er diesem doch in seiner Würde weit unterlegen. Und diesem würdelosen, schwachen Geschöpf hat es sich unterzuordnen, verstehst du? Eine stolze Stute, ein stolzer Hengst.

Nein, Paloma, es kann nur einen Weg geben, sich diesen Wesen zu nähern. Nämlich jene Würde in sich zu schaffen, jene innere Größe und Reinheit, die das Pferd erkennen und akzeptieren, die es schätzen und achten und der es dann ebenso wie in der Natur freiwillig folgen kann. Das ist die Spur, die zu ihrem Geheimnis führen muß, zum Geheimnis der Amazonen, der Ritter. Sie formten ihre Persönlichkeit in eben jener Größe aus, in jener Würde und mit all den Qualitäten, die in der Welt der Tiere wirklich zählen und wirkliches Vertrauen heranreifen lassen.

Und in der Welt der Menschen? Zählen da nicht genau diese Tugenden, die ich bei der Leitstute in schönster Ausformung gefunden habe? Tragen diese Wesen nicht schon seit Millionen von Jahren all das in sich, wonach sich die Menschen mühevoll recken, ohne es womöglich jemals wirklich zu erringen?«

»Wie also, glaubst du, muß ein Mensch handeln mit seinem Pferd?«

»Er muß sich ihm verständlich machen. Das ist das erste. Mit Worten kann ich dir etwas erklären und anderen Menschen. Dafür hat Gott uns das Instrument der Sprache gegeben. Pferde aber können nicht sprechen, sie haben ihre eigene Form, ihre eigene Art der Kommunikation, ich habe noch zu wenig von ihnen gesehen, aber glaube mir, ich werde sie studieren. Ich will in ihre Welt vordringen, denn das ist ganz sicher meine größte Pflicht. Wenn ich sie würdigen und respektieren will, dann kann der erste Schritt nur der sein, mich ihnen anzunähern, nicht die Arroganz aufzubringen und von diesen Wesen zu verlangen, in meine Welt zu kommen, denn das ist eine Welt der Vergewaltigung und des Kampfes, der Wut und des Zornes, der Eitelkeiten und des Erfolges, des Ehrgeizes und der Konkurrenz. Aber von alledem habe ich in den Monaten, die ich inzwischen da draußen verbracht habe, nichts gemerkt, Paloma. Das gibt es da draußen nicht. Die da draußen kennen das nicht. Alles das ist ihnen fremd. Und wenn ich mich hier in unserem Dorf umschaue, dann frage ich mich, wollen wir nicht alle dahin, ist es nicht unser aller Bemühen, in eine solche Form des Existierens zu kommen? Wer also sollte in welche Welt gehen? Die Pferde in die unsere oder wir in die Welt der Pferde? Um von ihnen das zu lernen, wonach sich alle Wesen sehnen. Ist das nicht der Weg, der uns zu ihrer Botschaft führt, zu ihrer Botschaft an uns?

Ich will das tun, ich habe keine Ahnung, wie, und ich habe keine Ahnung, ob mir das jemals in irgendeiner

Weise gelingen wird, aber dem Alten ist es doch gelungen und anderen vor unserer Zeit auch. Das ist es, was die Menschen tun sollten, zu ihnen gehen, um von ihnen zu lernen.

Ein jeder, der mit einem Pferd zusammensein will, sollte erst einmal Stück für Stück die Würde in sich aufbauen, der es bedarf, ein solches Wesen führen und leiten zu können. Er muß die Rolle der Leitstute übernehmen, verstehst du? Wir sollten doch erst einmal ein Minimum von jener Daseinsqualität erreichen, die ein jedes, auch das rangniedrigste Pferd, da draußen schon hat! Begreifst du, die Menschen müssen bei sich anfangen, ganz tief in sich selbst, denn dann, davon bin ich überzeugt, und ich habe es bei dem Alten da oben gesehen, dann erkennt dich das Pferd, und dann wird es dir folgen, ohne Zwang und ohne Kampf und ohne Gerte und ohne diese miese Tour. Es wird dir folgen, weil es in dir Vertrauen, Schutz und Größe findet, jene Qualitäten, die es aus der Welt der Pferde kennt. Und dann, Paloma, dann werden die Menschen, die Pokaljäger und die Showreiter und die Angeber, dann werden sie zu Amazonen, zu Kavalieren, zu Rittern. Stell dir das mal vor! Stell dir einmal vor, dann bekommen sie Ohren, um sie zu hören, und Hände, um sie zu fühlen, und Augen, um sie zu sehen, die Botschaft der Pferde, ihre Botschaft an uns Menschen!«

»Und du glaubst, sie fangen an zu lieben, ich meine, wirklich zu lieben?«

Ich hatte mich aufgerichtet in meiner Erregung, und jetzt ließ ich mich langsam wieder zurücksinken an Palomas Seite. Was waren meine Worte, die Fülle all dessen, gegen jene kurze Frage, die sie so leise und sanft mir stellte.

»Ja, Paloma, du hast recht, womöglich fangen sie an zu lieben, womöglich fangen wir an, wirklich zu lieben.«

9

So kam er schließlich doch, der Winter, mit all der Kraft. Die Löcher in den Häusern wurden mit allem, was man fand, verstopft. Wir hatten Sorge, daß das Brennholz nicht reichen könnte für die kommenden kalten Monate. Es gab jetzt wenig zu tun, wir alle zogen uns zurück, um zu warten, wie es schien, doch schaute man genauer hin, dann fand man die Menschen hier in sich versammelt, in sich ruhend, in die eigenen Ursprünge zurückgezogen, um in der Sammlung den Boden zu bereiten für das Neue, für das, was bald kommen mochte.

So fand ich der Witterung wegen immer seltener die Gelegenheit, zu den Pferden hinauszukommen, und doch war dann jedes Erlebnis mit ihnen, gerade in dieser harten Zeit, eine immer wieder unvergleichliche Begegnung. Ich liebe die Menschen, aber meine Zuflucht und mein Erfülltsein finde ich vor allem in der Einsamkeit. Und so gruben sich diese Tage und diese Zeit fest in mein Wesen, aber auch jene Tage, an denen mich Paloma hinausbegleitet hatte. Wir sprachen dann wenig miteinander, und wenn, flüsterten wir beinahe, so als wollten wir diese Heiligkeit, die über allem lag, nicht stören und nicht die Wesen, die diesen weiten Raum bewohnten. Und wir folgten den Spuren, die die Pferde in dem tiefen Schnee hinterlassen hatten. Und wir sahen sie aus der Ferne, wie sie mühevoll ihres Weges zogen und warteten auf die Zeit, in der das Leben hier oben seine paradiesische Pracht wieder entfaltet. Viele Stunden des Tages bewegten sie sich nicht. Wenn es schneite, dann fanden wir sie hinter großen Felsvorsprüngen, und die Schneeflocken legten sich in den Stunden auf ihr weißes Fell und begruben sie und ließen sie eins werden mit der weißen Pracht der Berge.

Sie zehrten von dem kargen Gestrüpp, das noch immer an der einen oder anderen Stelle ans Licht drang, und von den Rinden der Bäume und von jenen wenigen Gräsern, die sie an der seichten Stelle des Flusses fanden. Denn hier am Fluß waren die Pferde auch im Winter, und hier auch waren sie jetzt fröhlicher als woanders. Ja, sie spielten und tobten, wenn sich der Himmel in einem kräftigen Blau von all dem Weiß trennte und die tiefstehende Sonne einen warmen, metallischen Glanz über die Landschaft breitete. Dann ragten ihre Köpfe hoch hinaus, und ihre Nüstern bebten, und die Jungen schlugen die Beine in den Schnee und jagten sich und warfen sich nieder, und die Alten pflegten gegenseitig ihr dichtes, schützendes Fell. Es schien so, als würden sie aufatmen, sich für wenige Stunden erholen und die Wärme auftanken und speichern, die sie die Nacht angenehmer überstehen ließ. Und so zogen sie ihrer Wege. Und kam der neue Schnee, dann legte er sich auch über jene Spuren und Wege, die sich die Pferde mühevoll erkämpft hatten. Und wieder war es die Leitstute, die ganz vorneweg die Schneise schlug, so daß es leichter war für alle die, die folgten. Sie nahm ihren Kopf tief und schob sich durch die weiße Unendlichkeit. Sie rammte sich bergauf und stützte sich mit den Hinterbeinen an jenen Stellen, die abschüssig und eisig waren. Nur selten machte sie eine Pause, und unter ihrem dichten Fell ahnte man das Karge ihres Körpers, denn die Reserven des Sommers waren bei diesem Pferd zuallererst verbraucht. Und so wuchs meine Bewunderung für sie und ihre Natur und für ihr unvergleichliches Wesen mit jedem Mal aufs Neue.

An solch einem Tag war ich mit Paloma an jener Stelle des Bergzugs nach Osten hin, an der die zwei Quellen in genau gleicher Höhe aus dem Bergmassiv entspringen und in den Felsen ein gigantischer »Stuhl« gehauen war. Seine Fläche war so groß, daß wir beide darin Platz fanden. Von hier aus konnte man das ganze Tal erschauen, bis hinüber, wo die Sonne unterging. Hier saß ich mit Paloma eng aneinandergerückt, als wir die Herde links vom Fluß entdeckten und Paloma sagte:

»Wenn man das Wort Häuptling aus der Indianersprache übersetzt, dann bedeutet es soviel wie ›der Dienende‹.«

Mehr sagte sie nicht, und wir schauten auf die Pferde unten im Tal.

Und als wir zurückkamen in unser Dorf, an diesem Abend, da begann ich das, was ich zu erkennen glaubte, in Formen zu fassen und aufzuschreiben, zusammenzufügen und zu strukturieren. Ich schrieb:

Das Leitstutenprinzip: Will ein Wesen andere leiten und dies im Sinne der Natur tun, dann muß es im Sinne dieser Wesen handeln, nur und immerfort, denn nur so wird dies ohne Gewalt und Unterdrückung möglich sein und nur so können sich diese Wesen freiwillig anschließen. Und so ist derjenige, der die Verantwortung für die Gruppe trägt, nicht jemand, der sich diese Stelle erkämpft hat, sondern nur jemand, der sich diese Stelle erdient hat. Und die Natur erwählt jene zu diesen Anführern, die allen anderen am meisten dienen. Und darum ist mein erster Grundsatz für das Zusammensein mit den Pferden derjenige, daß alles das, was ich tue, nur und ausschließlich für und im Sinne des Pferdes sein muß, denn handle ich dagegen, dann handle ich gegen das wichtigste und erste Prinzip der Natur.

Und so vergrub ich mich in eine Ecke des Zimmers während der kältesten Zeit und füllte mein Büchlein mit kurzen, knappen Sätzen und dachte und schrieb wieder und stand auf und ging hin und her in dem kleinen Raum mit den weißen Wänden und den abgeblätterten Stellen im Putz. Ich schrieb:

Zwar habe ich das Leitstutenprinzip bei den Pferden erkannt und gefunden, aber es läßt sich wohl auf alle Bereiche des Seins in der Natur übertragen. Es geht darum, jene Begeisterung zu wecken in den Wesen, die in ihren natürlichsten Regungen verborgen liegt. Wir müssen in allem mit und im Sinne der Natur handeln und niemals gegen sie. Es ist also die Pflicht eines jeden Menschen, der mit Pferden sein möchte, in diesem Sinne, in ihrem Sinne, zu handeln. Und zuvor muß er die Natur des Pferdes auf das gründlichste studieren, denn wie kann er in ihrem Sinne handeln, wenn er sie nicht einmal versteht, sie niemals kennengelernt hat.

Es kam mir meine erste Reitstunde in den Sinn. Über mir das kalte Neonlicht, wurde ich auf einer Stute verschnallt, auf einem Wesen, von dem ich nichts weiter wußte als ihren Namen. Und so schrieb ich weiter von ihrem Freiheitsdrang als dem mächtigsten Empfinden in ihnen, und daß ich als Mensch ihnen dieses Gefühl niemals rauben dürfe. Ich schrieb von Zügeln, die nur eine symbolische Funktion erfüllen dürfen, und von jenem Sinn der Pferde, der all der Grazie ihrer Bewegung zugrunde liegt. Von dem Sinn für das feinste Gleichgewicht und von jenem Sein mit dem Pferd, das dieses Gleichgewicht niemals stören darf, das sich diesem Gleichgewicht immer und in jeder Weise einzufügen hat. Und wieder dachte ich an jene ersten Reitstunden, an jene Menschen, die mit mir durch die triste Halle rundeten und rundeten und rundeten und rundeten, ungelenk und starr, einer toten Masse gleich, sich abschleppen ließen. Und ich schrieb von dem Drang der Pferde, zu lernen, lernen zu wollen, lernen zu müssen, und von der Verspieltheit auch der ältesten Stuten und von ihrer Wachheit und von ihrer nie müde werdenden Neugierde und von ihrer Sinnlichkeit, von ihrer Erfülltheit der Tage, und wieder dachte ich an jene Pferde, die ich kannte, und an die »Unnatur«, in denen man ihnen begegnet. An die mörderische Langeweile in den Boxen, auf den kleinen, öden Koppeln und bei der Arbeit mit den Menschen. Und ich schrieb von ihrem Wunsch, in Frieden zu leben, ohne Angst, und wieder dachte ich an die Welt, aus der ich kam, in der die Pferde eben dressiert werden und das Mittel der Wahl doch zuletzt immer nur eines ist: die Strafe und die Angst und die Wut und der Zorn. Und so schrieb ich in großen Buchstaben jenen Leitsatz, der zu dem wichtigsten meiner zukünftigen Arbeit werden sollte:

Handelt man gegen die Prinzipien der Natur, dann handelt man gegen das Urempfinden eines jeden Wesens. Handelt man aber gegen das Urempfinden eines jeden Wesens, dann muß sich zwangsläufig Widerstand aufbauen.

Und genauso zwangsläufig, wie dieser Widerstand kommt, genauso zwangsläufig wird er sich gegen denjenigen richten, der ihn aufgebaut hat. Einem solchen Widerstand aber kann man nur begegnen, indem man, wie subtil auch immer, Gewalt anwendet. Wende ich aber Gewalt an, dann wird sich zwangsläufig immer weiter der Widerstand in diesem Wesen regen. Es kommt zu einem circulus vitiosus, zu einem Teufelskreis. Diese Spirale der Gewalt endet immer und ausschließlich auf nur zwei mögliche Arten:

Der Kampf findet kein Ende. Er mündet womöglich in schweren Verletzungen für den Menschen, denn das Wesen spiegelt eben die immer größer werdende Aggression und verhält sich dementsprechend. Vielleicht endet er auch mit dem Tode des Pferdes im Schlachthaus oder unter der Pistole.

Die zweite Form, in der diese Gewaltspirale endet, ist die jämmerliche Resignation der Kreatur, die schließlich aufgibt, sich fügt und ohne jeden Willen, ohne Freude und ohne jeden Glanz in den Augen, den ich bei den wilden Pferden auf hundert Meter wahrnehmen konnte, ohne alles das, den Frondienst für die Menschen erduldet und erleidet bis an ihr Lebensende.

Wo aber war mein Weg auf den Spuren jener Generationen, von denen ich wußte, daß sie eben eine andere Form des Miteinanders gefunden hatten, wo war dieser Weg? Ich schrieb:

Arbeite Tag für Tag an den Qualitäten, die du bei den Pferden gefunden hast: für deine Freiheit, für deine Unabhängigkeit, für deine Entfaltung, denn wie kannst du einem anderen Wesen das zugestehen, was du selber nicht erfahren hast? Wie kannst du ein anderes Wesen würdigen, wenn deine eigene Würde täglich in einer unwürdigen Welt mit Füßen getreten wird? Wie kannst du für die Freiheit eines anderen Wesens sorgen, wenn deine eigene eingeschnürt und von Kindesbeinen an beschnitten wird? Vermeide in allem und unter allen Umständen jeden Kampf, denn auch wenn du schlußendlich gewinnen solltest, hast du schon verloren in dem Moment, wenn du den Kampf beginnst. Denn jeder Kampf ist das Zeichen großer Schwäche, und die Mittel sind Gewalt und Aggression.

Finde dein Gleichgewicht in dir, körperlich und seelisch, denn wie kannst du dem feinen Sinn nach Gleichgewicht des Pferdes und der Natur entsprechen, wenn in dir alles aus dem Lot geraten ist?

Erkenne das Leben als etwas, das immer geöffnet ist und sich immer und mit Wucht dem Wachsen und dem Werden zuwendet, denn wie kannst du dem Drang des Pferdes zu lernen und sich immerfort zu entwickeln, entsprechen, wenn du schon lange in dir erstarrt bist?

Finde die Einsicht in das, was du tust, und handle einem klaren Drang in dir folgend, der sich zu begründen weiß, und handle nicht, weil es die Routine oder ein anderer Mensch dir vorgibt. Denn wenn du nicht die Einsicht findest in deine Handlungen und sie immer und zu allen Zeiten vor dir und der Welt gut zu begründen weißt, wie dann solltest du die Einsicht in den Zweck seiner Handlungen einem anderen Wesen vermitteln können?

Und so vergingen die Tage und die Wochen, und mit dem Frühling sollten jene kommen, die die jungen Hengste und einige der jungen Stuten aus der Herde fangen würden. Das Keimen und das Blühen und das Regen in der Natur zeigte mir, daß auch ich jenen Neubeginn, der sich in mir zeigte, anzupacken hatte, daß ich mich ihm stellen sollte. Die Zeit war gekommen, zu gehen, zurückzugehen, zurück zu meinem Pferd, zurück zu dem Alten.

Damals herrschte die Pferdepest in Spanien, und als ich Jahre später zurückkam, um jenen Hengst und jene Stute wiederzusehen, fand ich nur noch das Tal und die beiden Quellen und den in Stein gehauenen Stuhl. Die Spuren der Pferde aber waren verschwunden. Ich ging zu der seichten Stelle, an der ich sie immer fand, immer hatte ich sie hier gefunden.

»Sie haben sie zurückgeholt, die Pferdepest ist doch vorbei, sie haben sie in die Ställe gesperrt, ja, den Hengst auch, aber ich glaube, der lebt nicht mehr, ich habe einmal so etwas gehört. Niemand sei mit ihm klargekommen, und dann hatte er einen Pfleger angefallen, und ich glaube, man hat ihn getötet.«

Ich bedankte mich bei dem alten Landarbeiter für die Auskunft. Und als ich zum Dorf der Jungen kam, war es leer, und ich setzte mich auf den Balkon und dachte an Paloma, an den Winter, an die Kinder, und ich berührte vorsichtig das abgesplitterte Stück Holz vor mir, und ich dachte an den Abschied, an den Abschied von Paloma und daran, daß ich sie gerne wiedergesehen hätte. Ja, ich hätte sie gerne wiedergesehen, und ich dachte daran, wie ich für einen Moment traurig war, als ich in den Jeep stieg, um zurückzukehren zu dem Alten. Im Radio spielte man ein Lied, dessen Text ich kannte, und so sang ich einfach mit, und wie ich immer lauter und fröhlicher sang, da freute ich mich plötzlich darauf, mein Pferd wiederzusehen, und ich freute mich auch darauf, den Alten zu sehen, und dann konnte ich es kaum erwarten, denn ich wollte ihm begegnen, meinem Pferd. Ich wollte ihm so begegnen, wie ich ihm begegnet bin, jenem Hengst, dem ich das Leben, das mit dem heutigen Tag beginnen sollte, verdankte.

5
... sie nannten es »die andere Welt«

1

Gegen Mittag des nächsten Tages erreichte ich das Haus des alten Mönches. Langsam fuhr ich den schmalen, steilen Weg hinauf und warf dabei einen kurzen Blick hinüber zu dem weißen Hengst. Jetzt schien es mir so, als schnüre sich ein wenig meine Kehle zu, kamen doch blitzartig die Monate in meine Erinnerung, die ich hier einmal verbracht hatte. So als hätte mich der Alte bereits erwartet, stand er im Schatten des kleinen Vordaches. Noch ehe ich ihn begrüßen konnte, sagte er schon:

»Du kommst spät.«

Ich atmete tief ein.

»Hola – como estas?« Ich glaubte jetzt so etwas wie ein kleines Zeichen der Freude in seinem Gesicht erkennen zu können.

»Ja – du hast recht, ich bin lange fortgeblieben – ich wollte eben nicht eher kommen, als bis ich den wirklichen Wunsch dazu in mir fühlte.«

Meine Augen huschten über das Haus, den Garten und über die weite Landschaft, und ich fragte mich, ob sich hier wohl alles verändert habe oder ob ich es sei, der jetzt alles mit ganz anderen Augen sah. Schließlich wandte ich mich wieder dem Alten zu:

»Wie geht es Vali?«

Er zögerte einen Augenblick: »Nun, wie soll es ihm gehen – ich glaube, er hat dich nicht vermißt. Ich habe ihn vor einer Weile wieder zu mir geholt. Ich dachte mir schon, daß du in diesen Tagen kommen würdest.«

Ich setzte mich in die flache, moosbewachsene Mulde des großen Steins vor dem Haus, in der gewöhnlich die Katzen lagen und schaute versonnen hinunter ins Tal. Der Alte fragte mich freundlich, ob ich etwas essen wolle. »Danke, nein – vielen Dank – wenn du gestattest, würde ich zuerst gerne zu Vali gehen.«

Vali stand auf dem kleinen Platz vor dem Hirtenhaus. Ein Teil des Zaunes war neu. Der Platz, der früher rechteckig war, mochte jetzt wohl etwa 10 auf 10 Meter messen.

Vali döste in der Mittagssonne – er stand hinten in einer Ecke, da, wo der kleine Felsvorsprung nach Westen hin den Platz vor den Winden schützte und die Morgensonne speicherte.

Als er mein Kommen bemerkte, blieb ich stehen. Es war wohl jene Entfernung, in der ich mich oft befunden hatte mit den wilden Pferden. Näher war ich niemals an sie herangekommen. Ich verspürte den starken Drang, einfach zu ihm zu gehen, ihn zu berühren, über sein Fell zu streichen. Doch noch ein paar Schritte auf ihn zu, und er würde sicher wieder seine Ohren anlegen, die Zähne fletschen und einen gewaltigen Satz auf mich zu machen. So stand ich eine ganze Weile ruhig da, beobachtete mein Pferd und dachte: Nein, das, was ich erlebt habe, da draußen bei den wilden Pferden, nichts und niemand auf der Welt kann mir das mehr nehmen.

Nach einer Weile fragte ich den Alten, ob er mit ihm gearbeitet habe. Er stand nur wenige Meter hinter mir, und in ruhigem Ton sagte er:

»Nein, es ist dein Pferd.«

Ja, es ist mein Pferd, dachte ich, und wie oft hatte ich diesen Augenblick in Gedanken durchgespielt. Diesen Augenblick, in dem ich meinem Pferd nach der langen Trennung zum ersten Mal wieder gegenüberstehen würde. Und das, was ich jetzt fühlte, das entstand wohl irgendwo in meinem Bauch, so, wie sich die Wellen ausweiten auf der Oberfläche eines unbewegten Sees, in den hinein jemand einen Stein geworfen hat. Was denn konnte ich anderes tun, als einfach das anzunehmen, was war?

Reagieren sollte mein Körper. Ja – mein Körper sollte reagieren, nicht mein Kopf und nicht mein Verstand. Ich fühlte, daß alles tief in mir war, wie in jedem anderen Menschen auch. Alles ist da, wenn man nur den Willen aufbringt, es entstehen, es gewähren zu lassen. Solange die Angst nicht höchste Wachsamkeit ist, solange der Wunsch und das Gefühl, handeln zu wollen, nicht bloßes Geschehenlassen ist, solange der Impuls, kämpfen zu müssen, nicht bloßes Reagieren und Akzeptieren ist – solange würde sich nichts ändern an der Reaktion meines Pferdes.

So könnten sie zusammenspielen, Körper und Geist – das eine könnte annehmen und lieben, das andere einfach sein, seiner Natur, seinem Instinkt, seinem Urwissen folgend. Und ich fühlte mich stark und kräftig, und ich spürte ein heftiges Pulsieren in mir und warmes, sich sanft verströmendes Leben.

Mit was für einem Phänomen sieht sich ein Mensch konfrontiert, wenn er, einem vagen, sich ihm auf sonderlich feine Weise mitteilenden Impuls folgend, etwas Neues schöpft in einem kurzen Augenblick, dabei seine eigenen Grenzen bei weitem hinter sich lassend. Es ist, als werfe er einen kurzen Blick in die Paläste des Königs, in jene prachtvollen Räume, die ihm bislang verwehrt waren. Nun aber existiert dieser Eindruck, er bleibt zurück, auch dann, wenn das Erleben wieder in die Räume des Gewohnten zurückgedrängt wird. Er ist fortan wie ein leuchtender Schein, der vor ihm schwebt, der ihm von nun an die Richtung weist. Das, was hier geschehen sollte, in diesem Augenblick, mit meinem Pferd, war ein solches über all meine Grenzen hinausgehendes Erleben. Um Ähnliches mit anderen Pferden danach wieder zu erreichen, sollten noch Jahre des Lernens ins Land gehen, Jahre des Erfahrens, des Irrens, des Scheiterns, des allmählichen Voranschreitens im Kleinen und Kleinsten.

Ich sah Vali, wie er in der Ecke stand, und ich war glücklich, ihn zu sehen. Was auch geschehen mag, dachte ich, es ist gut. Ich traute mich jetzt etwas dichter an das Gatter heran. Dann blieb ich ruhig stehen und dachte: Achte auf das »Wie«, achte darauf, wie du gehst, wie du dich bewegst, wie du mit deinem Körper spielst und agierst. Und ich bemerkte dieses eigenartige Gefühl in mir, das mich von einem Augenblick zum nächsten erfaßte, daß ich ihm und dem ganzen Geschehen hier vertrauen, mich dem allen einfach hingeben konnte. Ich wollte nichts verderben. Und ich fühlte, wie meine Schritte leicht waren und entspannt.

Vali machte jetzt einen gewaltigen Satz auf mich zu. Er galoppierte nicht in gerader Linie, sondern in einem weiten Bogen und er hielt seinen Kopf seitwärts, riß ihn hoch und fletschte die Zähne. Ich erschrak, doch mein Atem blieb ruhig und mein Körper reglos und gelöst. Ich wußte nicht warum, doch ich war mir plötzlich ganz sicher, daß er mich nicht gebissen hätte, auch dann nicht, wenn kein Zaun dazwischen gewesen wäre. Waren all seine Angriffe nicht doch nur der Ausdruck seiner tief verwurzelten Angst vor mir als Mensch?

Ich will nichts verderben, dachte ich – immer wieder

schoß es mir durch den Kopf – ich will nichts verderben. Nicht aus Angst und nicht aus Schwäche. Und es war kein Zorn in mir, ich lächelte ihn an. Ich riß jetzt meinen Körper herum und machte einen Satz auf seine Kruppe zu, so schnell und kraftvoll, daß er sie herumwarf und mit dem Kopf in meine Richtung stand. Einen kurzen Augenblick war ich verwundert über diese heftige Reaktion. Ich schaute ihn nicht an, denn ich wollte nichts von ihm. Genausowenig, wie ich etwas von den wilden Pferden gewollt hatte.

»Ich will nichts von dir, Vali«, sagte ich leise, fast so leise, daß es kaum mehr als ein Denken war, und ich schaute auf den Boden dicht vor seinen Füßen und blieb ganz entspannt und fühlte mich jetzt beinahe so, wie ich mich auch in der Einsamkeit mit den wilden Pferden gefühlt hatte. Ich ging einen Schritt zurück und dachte: So, wie er mich jetzt anschaut, so hat er mich noch nie angesehen, und ich spürte, wie mein Körper spielen wollte. Es war ebenso wie in jenem Flußtal, und ich ging noch einen kleinen Schritt zurück und sah immer noch auf den Boden, aber so, daß ich aus den Augenwinkeln heraus genau sehen konnte, was Vali tat.

Ich fühlte noch immer keinen Zorn in mir, als er jetzt wieder seine Ohren eng anlegte. Ich sprang um den Holzzaun auf die andere Seite und schaute ihn an, ganz direkt. Ich verharrte und bemerkte wieder diese Klarheit und war fest entschlossen wie kaum jemals zuvor. Er sollte mich nicht angreifen.

»Vali, ich will das nicht! Greif mich nicht an!«

Und als meine Füße jetzt ein zweites Mal aufkrachten auf dem harten Boden, da warf er seine Kruppe in die andere Richtung und schaute mich wieder an, aber sein Blick war jetzt weicher als sonst, und ganz leicht bewegte er seine Unterlippe. Er schaute nach links, und mein Körper bewegte sich langsam nach rechts. Er schaute nach rechts, und mein Körper bewegte sich nach links. So ist es doch auch mit dem wilden Hengst gewesen. Ja, es war das gleiche Spiel. Und die Reaktionen von Vali waren genau dieselben.

Ich schaute wieder auf den Boden, atmete durch und trat ganz dicht an den Zaun. Vali legte kurz die Ohren an, dann streckte er vorsichtig seine Nüstern vor und roch an meiner Hand, die ich durch die Zaunlatten streckte. Vorsichtig spielte ich mit seinen weichen Lippen.

Als er krank war, da konnte ich ihn so berühren, aber niemals sonst zuvor konnte ich das. Und ich fühlte, wie er zart meine Hand berührte und wie seine weiche Zunge den salzigen Schweiß leckte. Und ich glaubte zu bemerken, daß seine Augen größer waren als zuvor – es waren jetzt die Augen eines jungen, verspielten Pferdes. Als dringe sein wirkliches Wesen zutage durch eine Kruste aus Panik und Angst, war es mir, als offenbarte er ein winziges Stückchen seiner ursprünglichen unverletzten Seele.

Und so verstrich die Zeit, bis ich schließlich den Alten leise bat, mir einen Strick zu geben. Er holte ihn ohne ein Wort. Es war der Augenblick gekommen, zu Vali hineinzugehen.

Er legte die Ohren an, und ich sprang ein wenig zur Seite. Ich achtete auf seine Kruppe. Er galoppierte an, und ich blieb stehen, einen Augenblick. Er wendete sich mir mit seiner Kruppe zu, und statt wegzulaufen, wie ich es sonst getan hätte, sprang ich auf ihn zu, mit einer solchen Entschlossenheit, daß sich das riesige Pferd zusammenzog und mit einem Schlag zum Halten kam.

Vali stand wie angewurzelt. Er stand einfach da. Ich bewegte mich nicht, schaute ihn an, und er schaute mich an, und ich sagte leise:

»Hola Vali – caballo mio – hombre – como estas?«

Langsam drehte er jetzt seinen Kopf und schaute zum Stall hinüber und dann wieder zu mir und wieder zum Stall und wieder zu mir.

Plötzlich schob er seinen Unterkiefer leicht nach vorne, streckte etwas den Hals und den Kopf nach oben. Dabei rollte er leicht mit den Augen, und ich sah das Weiße unterhalb seiner runden, schwarzen Pupillen. Er legte sein ganzes Gewicht auf die Vorderbeine und ließ ein wenig den Kopf nach unten fallen. Und so, als entspannte sich dieses Pferd zum ersten Mal in der Gesellschaft eines Menschen, schnaubte er kräftig mehrmals hintereinander ab. Und sein Körper schien weich und beweglich zu werden, und er hatte jetzt etwas an sich von der unbeschreiblich entrückten Schönheit freier, ursprünglicher Wesen.

Alles an ihm schien ruhig, friedlich und entspannt. Und gerade in dem Augenblick, als ich zu ihm gehen wollte, da bewegte er sich und kam langsam auf mich zu, bis er dicht vor mir stand.

Er schnaubte noch einmal und beschnupperte mich überall. Ich legte meine Hand ganz vorsichtig auf seinen Hals. Und es schien mir, als sei ein zartes, weiches, unschuldiges Wesen aus einer starren Hülle, aus einer verkrusteten Haut ins Leben gerufen worden. Der Ausdruck und das ganze Verhalten des Pferdes hatten sich verändert, sein Fühlen wurde fein, seine Haut schien empfindsam gleich einer durchlässigen Membrane. Und wie ich jetzt langsam meine flache Hand an den Leib des Pferdes schob, da stand er nur und schaute ins Tal.

Und als ich mich schließlich langsamen Schrittes von ihm löste, da folgte er mir mit leicht gesenktem Kopf. Er folgte mir, so wie die Pferde draußen ihr gefolgt sind, der kleinen, hageren Stute.

Der Alte hatte uns die ganze Zeit wortlos beobachtet, und als er jetzt ging, sagte er leise und in väterlichem Ton: »Du mußt noch viel lernen – noch sehr viel!«
Noch war mir nicht bewußt, was dieses Pferd, dieser Augenblick für mich, für alles das, was kommen sollte, wirklich bedeutete. Der Alte spürte das in diesen kurzen Momenten. Er sah, obwohl er nie darüber sprach, daß nicht ich es war, der verwandelt hatte, sondern daß es das Pferd selbst war und die Zeit, die mich verwandelt hatten.
Es war wie die Verwandlung der Hexe in die schönste Prinzessin durch jenen Jüngling, klein, kindlich und schmächtig, der bar jeden Mißtrauens im Glauben an alles Gute dieser Welt ihr einen Kuß gab und so den Bann der unsäglichen Verzauberung löste. Und dieser naive Jüngling war geneigt zu glauben, durch seine Kraft des Kusses wäre das geboren, was in Wahrheit in dem wundersam verwandelten Wesen unter einer häßlichen Hülle verborgen lag. Und doch, in diesem Zauber schwang das Versprechen, den Jüngling zum König zu freien, der es wagte, die Hexe zu küssen, den Bann des Zaubers zu brechen. Das Naive geht, aber die Prinzessin bleibt! Der Knabe wird sie noch viele Male küssen, und er wird reifen und zum Manne wachsen.

2

Wir saßen am Abend zusammen, und obwohl die Wände des Hauses auch innen erwärmt waren von der Sonne, brannte im Kamin ein kleines Feuer. Wir hatten Brot bereitgestellt und Knoblauch, Öl, Käse, Tomaten und Wein.

Der Alte war jetzt beinahe wie ein guter Freund zu mir, und ich hatte nicht mehr das Gefühl, ein Störenfried zu sein. Ich fühlte mich wie sein Gast, um den er sich in diesem Haus bemühte.

Dennoch wagte ich es nicht, einfach loszuerzählen. Erst als er mich nach einer ganzen Weile fragte, ob ich sie gefunden hätte, den Hengst und die kleine Stute, da erzählte ich von dem, was ich erlebt hatte. Und der Alte hörte aufmerksam, aber unbewegt zu. Dann fragte er, ob ich den Stuhl gefunden hätte, jenen riesigen in Stein gehauenen Stuhl, und ob ich auf ihm gesessen wäre.

»Ja«, sagte ich.

Und er wollte wissen, was ich dabei empfunden hätte.

»Zuerst war ich viel zu erschöpft, als daß ich etwas hätte empfinden können, aber so oft ich mich darauf setzte, war mir wohler zumute, und ich suchte ihn immer wieder auf. Aber woher kennst du das alles so genau? Ich meine – du wußtest doch gar nicht, wo sich die Pferde aufhalten würden?«

»Ich habe dir nicht gesagt, daß ich nicht weiß, wo sich die Pferde aufhalten. Ich habe dir nur ein großes Gebiet benannt und gesagt, daß sie irgendwo in dieser Gegend zu finden sind – mehr nicht. Aber glaube mir, ich weiß, wo sie sind und wann sie da sind und wann nicht. Glaube mir, ich weiß wohl beinahe alles von ihnen. Und man wird dir womöglich viele Geschichten über sie erzählen, aber ein jeder eine andere.«

Ich schob mich ein bißchen zurück an die Wand und sagte dann ruhig:

»Ich will mich bei dir für alles bedanken, sag mir bitte, wenn ich gehen soll, aber ich würde gerne mit Vali noch das weiterführen, was heute begonnen hat. Es war sicher nicht viel – für mich aber ist es gewaltiger als alles, was ich jemals erhofft hatte. Er ist mir mit gesenktem Kopf einfach gefolgt, und er hatte den größten Frieden in sich, den ich mir wünschen könnte.«

»Ja, das hatte er, er hat dir zum ersten Mal seinen Frieden gezeigt, jenen gewaltigen Frieden, den sie alle in sich tragen. Weil du nicht wolltest, sondern warst – wenn auch nur für einen Augenblick – nur für einen winzigen Augenblick.«

Und er schaute nachdenklich, aber zufrieden in die Flammen.

»Denn sie sind Zeugen für die Prozesse, die sich innerlich abspielen in den Menschen. Sie sind der Spiegel für alles, für die Demütigungen und Grausamkeiten, die Lügen und Eitelkeiten, aber ebenso für den Beginn der Wahrheit.«

Ich schloß meine Augen und lauschte dem leisen Knistern des Feuers. Und ich dachte daran, wie leicht das Leben doch sein könnte.

Was heißt es denn in aller Regel, wenn wir sagen: ›Ich liebe dich!‹ Heißt das nicht in Wahrheit ›Ich will, daß du mich liebst‹, ›Ich will dich besitzen‹, ›Ich will meine Einsamkeit durch dich verscheuchen‹, ›Ich will meine Sicherheit dadurch erreichen, daß ich deiner gewiß bin‹ ... Erst dann, wenn ich die Kraft zu leben und zu sein in mir finde, in mir selbst, kann ich nicht erst dann auf Wesen zugehen, auf Menschen wie auf Tiere, und sie sein lassen, wie sie sind und sagen: ›Ich mag dich‹, ohne etwas dafür zu verlangen? Ohne Treue zu fordern Treue geben, ohne Liebe zu fordern Liebe geben, ohne Freundlichkeit zu fordern freundlich sein? Denn jetzt bin ich ja in mir, bin mit mir eins, und ich brauche den anderen nicht mehr, um meiner Sicherheit oder meiner Einsamkeit willen. Ich kann jetzt, wenn der andere auf mich zukommt, dies als ein volles Erleben und Glück erkennen, annehmen und schätzen, jetzt aber ohne jene Angst, das gerade Gewonnene gleich wieder zu verlieren.

Und ich denke an Vali, wie ich ihm heute so ganz anders begegnet bin. Ihm, der sich mit seinem starken Charakter den Menschen verweigert hatte über Jahre, der sich hat schlagen lassen und quälen. Jeden einzelnen Schlag hat er erlitten, um immer nur eines zu sagen: »Erkenne doch, was du tust, erkenne doch, wie du bist, schau doch, wie du dich verhältst, schau doch, an wem du dich vergreifst. Siehst du denn nicht die Trauer in meinen Augen? Die Falten auf meiner Stirn? Es ist leicht, mich zu verurteilen, mich zu demütigen, mich zu schlagen, mich einfach zu benutzen, denn ich stehe in der Ecke und gebe keinen Laut von mir. Alles Klagen, alles Weinen und alles Weh behalte ich bei mir bis an mein Lebensende, bis zu meinem Tode! Wenn du doch nur einen Moment einfach schauen würdest, doch nur einen einzigen Augenblick nicht auf dich, nicht auf dein Wollen, nicht auf deine Angst, sondern nur auf mich schauen wolltest als ein Wesen, das lebt und lebendig ist wie du. Das nichts weiter in sich trägt als ein großes Geschenk für dich, nämlich dich selbst!«

3

Immer regelmäßiger wurde nun auch der Unterricht. Der Alte korrigierte mich, achtete sehr genau auf meine Positionen. Immer wieder führte er alles zurück auf die Ursprünge in mir und in meinem Pferd.

»Ihr zusammen bildet etwas Neues, etwas, das geboren wird, wenn ihr zusammenkommt, und das auseinanderfällt, wenn ihr euch trennt. Dazwischen aber ist die Schöpfung, die ihr miteinander vollzieht, ist der Raum, den ihr miteinander bildet, ist jene Wahrheit, die mit, zwischen und durch euch entsteht.«

An dem folgenden Tag gelang es mir, meine Hand auf den Rücken meines Pferdes zu legen.

»Denke nicht an das, was du tust, denn dann wird er sich wieder fürchten. Bleib bei dir, in dir und in diesem Augenblick. Sei das Pferd, sein Rücken und deine Hand. Sei alles das. Erst in der Verbindung wird es vertrauen, denn in der Verbindung spürt es dich, und wenn es dich spürt, zerstreut sich seine Angst. Und wenn sich seine Angst zerstreut, zerstreuen sich seine Erinnerungen, und wenn sich seine Erinnerungen zerstreuen, dann kann auch er dich sehen, wie du jetzt bist.«

Und ich stand lange neben meinem Pferd und hörte, wie der Alte sagte, daß es gut sei.

»Bleib bei deinem Pferd, nimm die Decke und geh nicht einen Augenblick aus diesem Erleben.«

Der Alte brachte mir die Decke, und ich legte sie auf den Rücken meines Pferdes, das sich nicht im mindesten bewegte. Dann brachte er mir einen Sattel, und ich sattelte mein Pferd.

Und so erkannte ich in meinem Pferd mehr und mehr

mich selber, meine Zerstreutheit oder meine Tiefe, meine Oberflächlichkeit oder meinen Ernst, meine vordergründige Angst oder mein warmes, mitfühlendes, sich öffnendes Sein. Das Pferd erblühte mit den Wochen trotz seines Alters, seine Augen leuchteten, sein Fell glänzte, seine Schritte wurden erhaben und sein Wesen stolz. Schließlich ließ mich Vali auf seinen Rücken.

»Sei wachsam und fühle alles nur über dein Pferd. Fühle die Erde unter dir mit und durch seinen Körper. Bewege dich mit ihm, als bewege er sich durch dich. Wenn du dich in deiner Vorstellung von ihm trennst, dann ist er allein, und er wird handeln, als wäre er allein. Und alles zerbricht unter deinen Händen. Nur wenn du die Verbindung wirklich fühlst, wenn du die Erde spürst unter dir, jeden Stein, den staubigen Boden und das weiche Moos, ebenso, wie es das Pferd unter dir fühlt, dann wird es die Welt durch deine Augen sehen. Und sein Wollen ist das deine, und sein Handeln sind die Früchte jener Wünsche, die sich in dir schon lange verflüchtigt haben.«

Und wir wendeten nach links und nach rechts, und wir änderten das Tempo, und ich hielt ihn an, und der Atem strömte gleichmäßig in mich hinein, und ich war einfach. Und der Alte stand dort, im Lichte der Sonne, und schwieg, und ich sah, wie sein Schatten verschwand, und ich blieb allein mit mir und meinem Pferd. Und das Denken hörte auf, und mir war, als fühlte ich die Steine unter mir und das weiche Moos.

Schließlich kam der Tag, an dem wir unsere beiden Pferde sattelten. Der Alte vornweg führte mich. Und ohne jedes Zutun konnte ich es genießen. Ja, ich zögere nicht, es so zu nennen, auch wenn der Alte mich streng ermahnte, als er in meinem Gesicht die unbeherrschte

Freude und den grenzenlosen Stolz erkannte. Doch wie ein Triumphzug durch die Berge gestaltete sich dieser erste Ritt. Und die Bäume, die die Wege säumten, die Sträucher, die Pflanzen, die Wolken und die Sonne, alles das schien uns zuzujubeln. Und ich sah einfach über die ernste Miene des Alten hinweg. Aber es dauerte nicht lange, da war auch er ergriffen und lachte mit mir. Und ich fühlte wieder die Steine und das Moos, und ich lauschte dem Atem meines Pferdes. Ich berührte sein weiches Fell, und es wurde das wahr, was die Verzweiflung der Zeit in meiner Vorstellung schon lange erstickt hatte: Ich erlebte diese Welt auf dem Rücken dieses Pferdes!

4

Und so sollte dieser denkwürdigste Abschnitt meines Lebens sein Ende finden, jenes traurige und glückliche zugleich. Ich blicke auf diese Zeit zusammen mit dem Alten mit Wehmut zurück, denn es verband uns jetzt etwas, das ich in einer solchen Form niemals zuvor kennengelernt hatte.

Und weil unser gegenseitiges Vertrauen mit jedem Augenblick dieser Tage zu wachsen schien, darum wohl entschloß er sich zu dieser letzten Führung. Sie sollte all die Tage, Wochen und Monate, die ich hier verbracht hatte, zusammen mit dem Alten, mit Paloma in dem Dorf der Jungen und mit den wilden Pferden, sie sollte alles das auf ihre ganz eigene Weise miteinander verbinden.

Ich erinnere mich sehr gut daran, wie wir den Jeep bestiegen, noch vor Sonnenaufgang, eine Wegzehrung mitnahmen, einen Bauern im Tal baten, unsere Pferde zu versorgen und durch das kleine Dorf der Nationalstraße entgegenfuhren.

Es war ein schöner, klarer Morgen. Der alte Jeep röhrte über die kaum befahrene Straße. Kaum, daß wir unsere Bergkette in zügiger Fahrt verlassen hatten, ging es in kleinen Serpentinen wieder hinauf. Vor uns ragten jetzt halbkreisförmig die Gesteinsmassen beinahe senkrecht in den Himmel. Von einem seltsamen Grau waren sie und mit bizarren Linien durchzogen. An ihrem Fuße sammelte sich nur wenig spärliches Grün. Nach links hin zog sich eine schmale Felswand mit gewaltigen Aufwölbungen, Verdickungen und Sprüngen. Die Morgensonne brannte heiß – für die Jahreszeit viel zu heiß. Und bald vermochte uns auch der Fahrtwind kaum mehr Abkühlung zu verschaffen. Ich fühlte mich durstig und kraftlos.

Auf meine Frage, wo denn unser Ziel läge, antwortete mir der Alte nicht. Am Ende der Felswand erkannte ich in der Ferne einen Durchbruch in dreieckiger Form, als sei er dort mit Berechnung hineingeschlagen worden. Noch einige Kilometer führte uns die schmale Straße durch die bizarre Landschaft, dann standen wir vor den einfachen und schlichten Vorgebäuden eines Klosters.

Der Innenhof unter der senkrecht stehenden Sonne vermittelte einen ersten Hauch jener Pracht, die hinter den unscheinbaren Mauern verborgen lag. Die kleinen Fenster der Mönchsklausen, von dunklen Läden verdeckt, harrten still dem Lauf des Tages – beinahe unheimlich wirkte die Leere des Platzes. Unsere Schritte verhallten in der Stille.

Der Alte sprach leise zu mir in einem beinahe ehrfürchtigen Ton:

»Nur selten öffnen sich einem Menschen Tore, die ihm den Blick und womöglich auch den Weg freimachen in eine andere Dimension. Ob und in welcher Weise eine solche Möglichkeit genutzt wird, liegt allein in dem Willen, in der Kraft und in der Wachsamkeit des Suchenden.«

Trotz all der Ruhe dieses Ortes war ich jetzt etwas aufgeregt. Noch niemals zuvor hatte der Alte eine Begebenheit so hervorgehoben. Es muß etwas Außergewöhnliches sein, dachte ich.

Der Alte fuhr fort: »So wie das Schicksal eines einzelnen Menschen sich in aufeinanderfolgenden Zyklen immer weiter verdichtet, so ist es auch mit dem Wirken und dem Sein der ganzen Menschheit. Und so, wie es herausragende, prägende Ereignisse in dem Schicksal eines jeden Menschen gibt, so gibt es eben auch Meilensteine im Schicksal der Menschheit. Und einen solchen Meilenstein symbolisiert dieser Ort. Und wenn ich dich hinführe zu einem solchen Meilenstein, dann nicht, um das Rad der Zeit zurückzudrehen, sondern um in dir den Sinn für jene feine Spur zu wecken, die bedeutende Zeitalter mit den nächsten verbindet.«

Und als wir jetzt langsamen Schrittes den Platz überquerten, fügte er noch hinzu – so leise, als sei es nicht für mich bestimmt:

»Denn der Mensch ist nicht mehr als ein Tropfen in einem gewaltigen Strom – er lebt nicht nur für sich allein«.

Wir gingen nach links. Eine kleine Treppe, die von einem schön geschwungenen steinernen Geländer verziert war, führte uns in einen schmalen Gang. Es roch seltsam. Überall waren kleine Nischen, in die hinein Figuren aus Stein gemeißelt waren und Inschriften, die ich nicht entziffern konnte. Dazwischen brannten Kerzen auf gußeisernen Ständern.

Wir kamen zu einem steinernen Portal, an dessen Seite, wie auf uns wartend, ein Mönch saß. Er verneigte sich vor dem Alten und öffnete uns die schwere eisenverzierte Tür. Wir gingen einige Stufen hinunter in den großen Rittersaal.

»Hier ist zuvor noch niemand deinesgleichen gewesen«, sagte der Alte beinahe stolz. Ein gewaltiger Tisch füllte fast den ganzen Saal. Wir gingen an seiner langen Seite vorbei, und es begann eine Führung durch Räume, Gänge und Labyrinthe, von der ich heute nicht mehr weiß, wie lange sie wohl gedauert haben mag. Wir kamen durch Säle, in deren Böden in regelmäßigen Abständen Grabplatten eingelassen waren, und ich sah die seltsamsten Gebilde und Grimassen und immer wieder das gleichschenklige Kreuz der Templer.

Die Formen und Figuren faszinierten mich – hatten sie doch alle etwas Rhythmisches, etwas sanft Schwingendes. Wie fein miteinander verwobene Muster drangen Ornamente und Symbole, Köpfe und Glieder, Körper und Flügel ineinander. Alles schien ausgefüllt von geheimen Zeichen und merkwürdig verfremdeten Details. Hier wandt sich ein seltsam stacheliger Körper wie in einem Krampf um einen exakt geformten Kreis – dort wieder standen unzählige Augenpaare nebeneinander, und als sich mein Blick an ein unscheinbar anmutendes kleines Relief heftete, das ein menschenköpfiges Pferd zeigte, dessen Maul weit aufgerissen war und dessen Schweif und Haare jäh und ungeordnet dem Körper abzuspringen drohten, da sagte der Alte:

»Das, was du da siehst, symbolisiert vieles, vor allem aber handelt es von der Wiedergeburt des Menschen.«

Und noch ehe ich um eine Erklärung für diese seltsame Deutung bitten konnte, fügte er hinzu:

»Das alles hier wirst du jetzt nicht verstehen, aber bald schon wirst du in diesen Symbolen lesen können wie in einem Buch.«

So ließ ich einfach alles an mir vorbeiziehen. Die Rüstungen und Schilder der Ritter, die in Marmortafeln eingravierten Schriften, die Schwerter und die Abbildungen der Pferde. Immer wieder stießen wir auf die in den Boden gelegten Grabplatten der Verstorbenen. Sie hallten dumpf und bewegten sich schwach, wenn ich auf sie trat. Abbildungen von Löwen und Raubvögeln zogen an mir vorüber, wie sie übereinander und ineinander verschlungen schienen. Die römische Wölfin, wie sie die Zwillinge säugt und geifernd hinaufschaut in die fahlen Gesichter der Kirchenfürsten. Ich fand Messer und Schwerter, aber auch Pfeile und Bögen und dazwischen Grimassen mit herausgestreckter Zunge und mir fremd anmutende Abbildungen ganz anderer Kulturen. Aus einem Altar ragten seltsam kubische Formen mit kleinen Kugeln heraus. Und ich fühlte mich mit jedem Schritt kleiner und unsicherer. Ich sah nach oben und ließ die prächtigen Gewölbe auf mich wirken, die blau gemalt waren mit den goldenen Sternen darauf, den gläsernen Schrein mit den Bannern darin, und längst schon hatte ich jede Orientierung verloren. Wie aus dem Nichts schienen sich gespenstische Wesen zu formen, zu verändern und wieder zurückzutreten. Schließlich führte mich der Alte in eine Art Kapelle. Sie war rund. Auch die Bänke darin waren in runder Form angeordnet. Kein Fenster brachte Tageslicht in diesen Raum. Er drückte mich in die Mitte einer Bank und setzte sich neben mich.

»Bleib einfach hier sitzen und höre, was ich dir zu sagen habe.«

Ich rutschte an die hölzerne Lehne, und immer mehr erfüllte mich eine tiefe, wohlige Ruhe. Als der Alte jetzt zu sprechen begann, da klang seine Stimme ungewöhnlich tief und weit:

»Du suchst die Botschaft der Pferde – ihre Wahrheit? Wie nah bist du ihr schon, um dich doch immer wieder von ihr zu entfernen. Aber ich weiß, daß du sie wirklich suchst, daß dies dein Streben, dein Wille ist, darum habe ich dich hierher geführt. Damit diese Unbedingtheit in dir schlußendlich nicht alles verdirbt.«

Ich schaute ihn fragend an. Als schien er es nicht zu bemerken, sprach er weiter:

»Das Geheimnis aber ist es, zu lassen und zu wirken aus der Leere, als hätte es keinen Tag zuvor in deinem Leben gegeben.

Du sagtest einmal, der Mensch solle in sich jene Qualitäten formen, die die Pferde schon hätten. Jene Tugenden, jene Würde. Das hättest du entdeckt. Ist das so?«

»Ja«, antwortete ich vorsichtig.

»Noch immer siehst du die Welt und die Pferde mit den Augen eines Menschen, der die starren Muster seiner Vergangenheit noch nicht abgelegt hat. Natürlich mag das ihre Erscheinung sein – mag dies das Bild dieser Wesen zeichnen und in Konturen fassen. Aber in Wahrheit existiert von alledem nichts. Solange ein Mensch nach Tugenden heischt, nach Würde und Moral, solange sucht er Halt an einem neuen Gerüst, um das alte zu verlassen. An dem neuen aber klammert er genauso fest wie an dem vorigen.«

Ich verstand nicht, was er sagen wollte, da bat er

mich, ihm zu folgen. Wir gingen durch die bogenförmige, zweiflügelige Tür, durch die wir gekommen waren, folgten aber dann einem schmalen, gewölbeartigen Gang, der nach rechts abzweigte. Bald verbreitete er sich etwas, so daß zwei sich gegenüberstehende Bänke Platz fanden. Über der linken Bank befand sich ein kleiner Spalt, durch den etwas Sonnenlicht und Luft in den sonst spärlich beleuchteten Gang drangen. Einen Moment nur verharrte ich an dieser Stelle und sah in den wolkenlosen, blauen Himmel. Als ich mich wieder umwandte, sah ich den Alten nicht mehr. Ein ungutes Gefühl überkam mich, und obgleich es mich drängte, ihn wieder einzuholen, ihn zu suchen, war da zugleich etwas, das mich auf eigenartige Weise berührte und mich zurückzuhalten schien. So folgte ich schließlich doch zögernden Schrittes dem immer schmaler werdenden dunklen Gang.

»So bist du mir also doch gefolgt.«

Ich erschrak und zuckte etwas zusammen, denn ich hatte den Alten nicht bemerkt, der jetzt in einem kleinen Türgewölbe neben mir stand. Er öffnete die schwere, schlichte Tür, die in ihrer Schmucklosigkeit in einem seltsamen Kontrast stand zu all dem anderen hier. Der kleine Raum, den wir betraten, war von unregelmäßiger, beinahe ovaler Form. In seinem hinteren breiten Teil stand eine schlichte Holzbank. Rechts und links von ihr hing an der groben, unverkleideten Steinwand ein Kerzenleuchter. Die Wände schienen dunkelbraun bis schwarz – es war so finster hier, daß ich zuerst kaum etwas erkennen konnte. Die gegenüberliegende Seite des Raumes verlief in einem spitz zulaufenden Bogen. Auf dem Boden standen einige kleine Kerzen, man hatte sie wohl erst vor wenigen Minuten angezündet.

Langsam gewöhnten sich meine Augen an die Dunkelheit. Was ich jetzt erkennen konnte, glich einem tonnenförmigen Gewölbe, in das hinein das spärlich flackernde Licht der Kerzen fiel. Dieser Teil des Raumes aber war mit unzähligen Mustern, Reliefen, Linien, Punkten und Ornamenten versehen.

Wir setzten uns auf eine Holzbank. Ich saß wie gelähmt und schwieg. Nicht nur die Dunkelheit, wohl auch die Form des Raumes bewirkten es, daß mein Blick wie von einer magischen Kraft angezogen starr auf den Ornamenten vor mir klebte. Dabei schien sich das, was ich sah, allmählich zu weiten, so daß ich mehr und mehr die Orientierung über die wirklichen Maße des Raumes verlor. Und bewegte sich zuerst nur das flackernde Licht der Kerzen auf der feinen Struktur der Wände, so glaubte ich schließlich, daß sie selbst es waren, die sich bewegten. Ja, die starren Muster schienen sich aufzulösen, um sich miteinander in einem feinen, pulsierenden Fließen zu verbinden.

»Was siehst du?« fragte der Alte. Ich zögerte einen Augenblick, da fuhr er mich heftig an:

»Ich fragte dich, was du siehst – sage mir auf der Stelle, was du siehst!«

»Sie scheinen sich zu bewegen, die Formen, alles scheint zu verschwimmen.«

»Welche Formen siehst du? Beschreibe mir die Formen, beschreibe mir alles, was du zu erkennen glaubst.«

Seine Stimme war wieder von dieser Strenge, so daß ich trotz aufkommender Furcht stockend versuchte, ihm zu beschreiben, was ich zu sehen vermeinte.

Sogar die Farben des dunkelroten Kerzenlichtes schienen sich zu verwandeln, und Teile der Gewölbestrukturen leuchteten jetzt in einem fahlen, grünen

Licht. Ich suchte nach Erklärungen in mir bekannten Phänomenen für das Erleben, das mir mein Verstand vorzuspielen schien. Und für einen Augenblick verblaßte das leuchtende Grün, und alles schien sich wieder in seine statische Urform zu fügen. Da fuhr mich der Alte an, ich solle aufstehen und ein paar Schritte vorgehen. Langsam stand ich auf und ging in den Raum.

»Genug. Bleib stehen. Schau nach vorne. Schau nur nach vorne und schildere mir alles, was du jetzt siehst!«

Das Grün begann heller zu leuchten als zuvor, und die Formen verloren alle Konturen. Mir wurde übel. Meine Wangen zogen sich zusammen, mein Mund war trocken, meine Zunge wurde heiß, meine Knie fingen an zu zittern. Ich bemerkte plötzlich, wie meine Hände schweißnaß wurden. Ich bat ihn aufzuhören. Er zischte mich an:

»Nein, jetzt nicht. Sage mir, wenn du etwas siehst, das du erkennen und benennen kannst.«

Als drücke etwas Unsichtbares meine Magengrube zusammen, glaubte ich, mich übergeben zu müssen. Eine immer stärker werdende Angst durchströmte mich. Plötzlich schienen sich die Ornamente zu etwas Neuem zu fügen, zu Figuren, zu Gesichtern, zu Masken und Grimassen. Punkte wurden schreckliche Augen, feuerrot schienen sie mir entgegen zu leuchten, aus einer zackigen Linie wurden schreckliche Zähne, wie von einem giftiggrünen Schleier schien alles umwoben mit dumpfen orangeroten Lichtern. Ich erkannte den Raum nicht mehr zwischen meinen Augen und jenen einst steinernen Strukturen. Als dringe ich ein in die Absurdität skurrilster Träume, stammelte ich Worte von Angst, von Furcht, von Kälte und von der Hilflosigkeit eines Kindes, das herausgerissen wird aus der letzten schützenden Hülle, die es noch umgab. Und ich fühlte einen Druck in meinem Schädel. Er begann tief im Hinterkopf und wandelte sich in einen immer heftiger werdenden, stechenden Schmerz – und je mehr ich mich auf das konzentrierte, was vor mir aus dem Nichts zu entstehen schien, um so mehr breitete er sich aus, um sich mit all seiner Wucht über den Augen, unter der Stirn zu sammeln. Ich griff unwillkürlich mit den Fingerspitzen nach meinen Schläfen, doch jede Berührung dort verschlimmerte den Druck und den Schmerz nur. Niemals zuvor hatte ich einen so quälenden Schmerz in meinem Kopf erlebt. Er schien sich unter die Augenhöhlen zu graben, und ich hatte sogar das Gefühl, als würde er die Augäpfel aus meinem Kopf herauspressen.

Schließlich taumelte ich zurück und stieß an den Türpfosten. Ich hielt die Hände vor mein Gesicht. Was war das, was war das, was ich da gesehen hatte? Welche Macht konnte das bewirken? Der Alte führte mich zurück in den Gang. Ich sah das Sonnenlicht, das durch den schmalen Spalt fiel. Wir setzten uns jeder auf eine der Bänke. Das Gesicht des Alten war wieder freundlich, er lächelte. Ja, er schien sogar belustigt über meinen Zustand.

»Was war das?« fragte ich leise, und der Alte antwortete: »Du warst das.«

5

Langsam kehrte die Ruhe zurück in meinen Körper, mein Verstand aber wollte das alles nicht fassen, nicht glauben. Ich weiß nicht warum, aber ich dachte jetzt an den wilden Hengst im Tal und an Paloma, und ich hörte die Stimmen der Kinder in dem Dorf der Jungen, wie sie hallten in den schmalen Gassen.

Und ich sah den hellen Streifen der schon schwächer gewordenen, einfallenden Sonne, wie er langsam über die rauhe Wand des Gewölbes glitt. Und so mochten wir uns wohl schon eine ganze Weile schweigsam gegenübergesessen haben, als dann der Alte wieder zu sprechen begann:

»Deine Fragen, deine Zweifel, deine Angst, alles ist dir noch immer deutlich ins Gesicht gegraben. Wann denn erkennst du, daß jeder Halt nur eine Krücke ist? Und jedesmal, wenn du sie verlierst, drohst du hinzufallen, zu stürzen. Warum hältst du dich nur so fest? Du stehst doch vor den Toren, stoße sie doch auf. Pflücke sie doch nur, die Frucht, die die Pferde dir gereicht haben. Sie haben dir doch schon so viel gezeigt. Würdest du ihnen und dir selbst doch nur ein Stückchen mehr vertrauen. Du windest dich und wehrst dich wie ein in Ketten liegender Gefangener, der seinen Befreiern entgegenschreit, sie sollen ihn nicht berauben, nur weil sie ihm die Ketten nehmen wollen, die ihn halten.«

»Aber es braucht doch alles seine Zeit«, erwiderte ich leise.

»Ja, du hast recht, es braucht alles seine Zeit.« Langsam beruhigten sich meine Gedanken und mein Bewußtsein bewegte sich wieder im Hier und Jetzt.

»Bitte erkläre mir, was soeben passiert ist. Was war das, was ich zu sehen und zu fühlen glaubte, und was hat das mit meiner Suche zu tun und mit ihrem Geheimnis, mit der Botschaft der Pferde?«

Der Alte beugte sich jetzt ein wenig zu mir herüber – und ich glaubte eine seltsame Erregung in ihm zu bemerken, so etwas wie ein freudiges, erwartendes Aufgeregtsein.

»Schau auf meine Hand!« Er hielt seine linke Hand dicht vor mich. »Das ist die Hand eines alten Mannes. Es ist Gewebe, es sind Zellen, es sind Knochen, Adern und in ihnen fließt das Blut. Aber ist das ihre ganze Wahrheit? Schau doch, was sie alles auszudrücken, was sie alles zu sagen hat! Spricht nicht meine Hand das meine, so wie deine Hand das deine? Aber was ist das für eine Sprache, und was ist es, das sie ausdrückt? Es ist die Sprache des Unsichtbaren – es ist die Sprache des Gefühls. Das ist es, was dich schon die wilden Pferde lehrten und die Unbedingtheit der Natur. Aber was du erfahren hast, ist nur ein winziger Splitter einer ganz anderen, gewaltigen Dimension. Diese Sprache ist das Tor in die andere Welt. Denn über dem, was du siehst, über dieser Hand aus Fleisch und Blut, schwebt eine ganz andere Realität. Doch welche dieser beiden Realitäten ist in Wahrheit bedeutungsvoller für unser Dasein, für unser Leben? Ist es bedeutungsvoll, daß an dieser Stelle eine Ader verläuft, daß sie sich an jener Stelle verzweigt und daß die Haut der Innenfläche von hellerer Färbung ist als die Haut außen? Ist das von Bedeutung? Oder ist es von Bedeutung, daß die eine Hand von Güte spricht, von Geben und von Lieben, und eine andere von Nehmen, von Zerstören und von Leid? Was also ist wichtig? Das, was wir sehen, oder das, was wir nicht sehen, was wir ganz anders erspüren? Die Sprache der Materie oder die Sprache des Herzens, die Sprache der Seele?«

Der Alte hatte sich wieder zurückgelehnt, und ich sah den Streifen des Sonnenlichtes, wie er sich nach oben und nach rechts verschoben hatte, wie seine Konturen allmählich undeutlich wurden und sich sein zartes Rot nur noch schwach über dem Grau der alten Mauer ausmachen ließ. Ich spürte, wie die Kraft zurückkehrte, und die Angst und die Unsicherheit wichen von mir ebenso rasch, wie sie gekommen waren.

Ich sah jetzt ein sanftes Lächeln auf dem Gesicht des Alten, und ich fühlte, wie sich auch meine Gesichtszüge entspannten. Ich war auf meinem Weg – und mochte ich auch noch zögern dann und wann – nichts sollte mich mehr von ihm abbringen. Was auch immer kommen mochte, ich wollte es mir anschauen.

»War das, was ich da gesehen habe, so etwas wie eine optische, wie eine Sinnestäuschung? All die Farben, die Formen, waren sie Projektionen meiner Phantasie?«

»Sagen wir, es war ein kleines Spiel. Mehr war es nicht, aber es mag genügen, um uns gemeinsam auf unseren Weg zu bringen. Du magst einen ersten Eindruck bekommen haben von der absurden Vorstellung, es existiere eine einzige festgefügte Realität. Die gibt es nicht! Das, was deine Augen dir zeigten, waren Formen – so geschaffen und angeordnet, daß sie deiner Vorstellung und deinem Unterbewußtsein jeden Spielraum der Interpretation ließen. Das, was du gesehen hast, war nicht eine Realität – es war nicht die Realität – es war deine Realität! Es war dein Erleben, dein Fühlen, in diesem Augenblick! Wahrheit aber ist das, was dein Selbst aus Sichtbarem und Unsichtbarem, aus jedweder Art von Wahrnehmbarem, in genau dieser Sekunde formt. Dein Innerstes knetet sich aus allem das Bild einer Wirklichkeit, von der du dann glaubst, sie würde existieren. Erlangst du darüber Bewußtsein, dann vernimmst du, wie sich Innen und Außen vermischen, wie sich die Grenzen auflösen und wie das, was du für unantastbar existent hältst, zerfließt, zerschmilzt wie ein Stück Butter in der Sonne. Und verfolgst du diesen Weg weiter, dann wird sich dir eine andere Welt offenbaren. Jene, die das, was wir zu sehen vermeinen, umhüllt, es überdeckt, ja es hervorbringt, es zeugt.«

»Und warum bewirkten diese Bilder ein solches Grauen in mir?«

»Weil das eine ohne das andere nicht sein kann. Die Sonne erzeugt und spendet Leben. Sie schenkt Licht und Wärme und doch zerstört sie auch, vernichtet sie und schafft Trockenheit, Dürre, Wüste, Katastrophen. Leben ist ohne den Tod nicht zu denken. Das kalte Licht des Mondes nicht ohne die Glut der Sonne, das Glück nicht ohne das Leid.«

Ich sah jetzt in seinem Gesicht eine fein sich äußernde Begeisterung, eine leise, zarte Freude, so wie ich sie bei ihm immer erlebt hatte, wenn er mit seinem Pferd zusammen war. Und ich spürte jetzt auch dieselbe Liebe. Und ebenso wie er seinen weißen Hengst aufforderte, sich seinen Weg zu suchen, sich zu formen, über sich hinauszuwachsen, so auch schien mir jetzt sein Bestreben, das sich ganz mir zuwandte.

»Laß die Bilder so, wie sie waren. Nimm sie mit als einen Teil von dir, trage sie bei dir, sie werden wirken, schöpfen, verändern. Laß uns ihre kurze Existenz zum Anlaß nehmen, einen Schritt weiter zu gehen auf dem Weg zu einem anderen wichtigen Geheimnis der Pferde. Nehmen wir ihre kurze Existenz, um uns einmal vorzustellen, es gäbe eine Welt, die außerhalb jener Realität existiert, die wir zu sehen vermeinen. Für unsere Vorfahren, die Kelten, und jene, die in ihrem Geiste folgten, für sie war diese Vorstellung eine unumstößliche Tatsache. Und wie wir wissen, hatten sie für dieses

›andere‹ einen Namen, für sie war es einfach ›die andere Welt‹. Es war ein Raum, der die Gesetze unserer Logik durchbrach, der ihrer entbehrte, der sie gar nicht kannte. Es war eine geistige, emotionale, spirituelle Welt. Es war ihre heilige Welt.«

Nur noch die winzigen Flammen der Kerzen erhellten jetzt den Gang, füllten ihn mit einem zarten, dunklen, flackernden Schein. Auch die wenigen Geräusche des Windes waren verklungen, und hinter der Stille fühlte ich die Pracht und die Mächtigkeit dieses alten Gemäuers.

»Das Zusammensein mit einem Pferd ist ein niemals endender Akt der Selbstbezwingung, der Selbstbeherrschung. Die Existenz eines Pferdes neben dir fordert ohne Unterlaß, so du ein Mensch bist, der das Wahrhaftige sucht, deinen starken guten Willen und deine Demut, und es drückt auf deine Seele so lange, bis du das Licht in ihr erkannt hast. Ein leibhaftiges Pferd neben dir ist wie ein starker, guter Freund.«

Der Alte stand auf und deutete mir, ihm zu folgen. Langsamen Schrittes gingen wir den Weg zurück, den wir gekommen waren. Als wolle er die andächtige Stille des Abends nicht stören, sprach er in flüsterndem Ton:

»Den Sinn des Lebens suchten unsere Vorfahren nicht in der Welt der Materie. Diese starre Existenz suchten sie zu verlassen. Ihr ganzes Streben war darauf gerichtet, einen Übergang zu finden in eine andere Welt. Und an dieser Stelle sollten wir einen Augenblick innehalten. Es gab, so sagten sie, einen Übergang, einen Weg in diese andere Welt. Aber gab es auch Wegweiser, gab es Hinweise, gab es irgend etwas, das womöglich die Richtung bestimmte? Hier sind wir auf den Spuren eines erstaunlichen Phänomens – es gab sie nämlich, diese Hinweise und Wegweiser. Und sie waren bedeutungsvoll – aber von welcher Natur waren sie? Und wenn es sie gab – gibt es sie womöglich auch noch heute? Und könnten sie den Menschen unserer Zeit ähnlich zu Diensten sein wie jenen seinerzeit? Dir zum Beispiel?«

Jetzt blieb der Alte unvermittelt stehen und schaute mich an:

»Welch großen Schwierigkeiten siehst du dich gegenüber, das in Begriffe zu fassen, was du wahrgenommen hast, als du den Pferden gefolgt bist? Hattest du nicht auf einer sicher noch sehr anfänglichen Stufe eine andere Welt betreten? Mir das zu vermitteln, brauchte es so gut wie keine Worte. Ich habe es gefühlt, ich habe es gesehen an deinen Augen, denn das alles ist auch ein Teil meines Erlebens. Jene andere Welt, von der ich jetzt spreche, ist aber aus einer ungleich weiteren, größeren, nahezu unfaßbaren Dimension. Auf welche Art und Weise aber sollte jemand, der sich hierin zu bewegen wußte – so er es überhaupt wollte – davon berichten, darüber in der ›sichtbaren Welt‹ kommunizieren? Dazu brauchte es einer anderen Sprache. Es brauchte die Sprache der Bilder. Es brauchte die Sprache der Symbole.«

6

Ich konnte nicht umhin, die in Stein gehauenen Figuren anzufassen, sie zu berühren, mit meinen Fingern ihren aufgeblähten Nasenlöchern zu folgen, den Arm in die aufgerissenen Mäuler zu stecken, die Hände langsam über die steinernen Strukturen des Marmors, über die Splitter des Mosaiks und der Keramiken gleiten zu lassen. Die Figuren in diesem kuppelförmigen Gewölbe schienen mir mächtiger, noch undurchschaubarer, verschlungener und rätselhafter als alle, die ich zuvor gesehen hatte. Das Licht der Kerzen war von dunklem Rot, und doch schien mir dieser Raum von vielschichtiger Farbigkeit – war es wie ein einziges Glitzern und Leuchten. Die Erlebnisse des Nachmittags schwangen dumpf in mir nach. Und ich ging zu ihnen, zu diesen skurrilen Figuren, den Löwengestalten, den Mischwesen, den Schlangen, Adlern und Pfauen, zu der den Drachen besiegenden Gestalt und zu dem Zentauer, zu den Engeln mit ihren unzähligen Augen, zu den Fabelwesen, den Monstern und Drachen mit den aufgerissenen Augen und den unförmigen Schwänzen, um mit meinen Händen zu fühlen, daß dies keine geisterhaften Gebilde waren wie jene aus dem ovalen Raum, sondern Bildnisse aus Stein, Holz, Eisen und Glas. Es mochte schon später Abend sein, aber ich verspürte keinen Hauch von Müdigkeit.

Ich hatte aufgehört zu fragen, ich folgte nur noch vertrauensvoll dem behutsamen Lenken des Alten, wie sich das eine folgerichtig aus dem vorigen zu entwickeln schien. Und nur durch meine Wachsamkeit konnte ich dem alten Mann eben die Hochachtung zollen, die ich für ihn empfand – wie er mit mir die verzweigten Wege der Zeit durchschritt und mir die Welten darbot, die für ihn vertraut und Heimat waren. Und als meine Hand versonnen auf dem halbkugelförmigen Auge eines sitzenden Löwen ruhte, da fragte ich mich: An welches Ziel will er mich heute führen?

Da begann erneut der Alte: »Diese Sprache hat ihre eigenen Gesetze. Ein Unkundiger wird mit seinem Bewußtsein nur das wenigste deuten können. Zu vielschichtig sind die Ebenen, auf denen sich die Botschaften bewegen und durchdringen. Diese Figuren sind bildgewordene Erfahrungen aus anderen Dimensionen. Willst du dich auf diesen Ebenen bewegen, so müssen sich die Sinne deiner Seele öffnen. Du mußt lernen, sie sicher zu gebrauchen. Denn die Seele lebt und schöpft in Bildern. Noch bis vor wenigen Jahrhunderten war unser Weltbild von dieser Symbolik geprägt, von dieser reinen, schier unerschöpflichen Sprache.

»La lengua de los pajaros«, sagen die Hirten im Tal. Das Verständnis für diese Sprache der Seele ist heute einem eingeengten rationalen Denken gewichen. Gewichen ist das reiche Schwingen der Imagination, die sanfte Bewegung des Gemüts, das wundersame Miteinander von Körper, Geist, Seele und Natur – verschlossen ist das Tor in die andere Welt. Laß uns heute vordringen in dieses zauberhafte Reich. Womöglich vermögen wir es zu entschlüsseln, das verborgene Geheimnis ihrer Botschaft.«

Und in dieser Nacht lehrte mich der Alte, die ersten Schritte zu gehen in dieser rätselhaften Welt. Seine Worte entblätterten auch die unscheinbarsten Zeichen und Figuren – sie öffneten sich, und unsere Blicke drangen in wundersame Sphären, und die Dunkelheit, die alles umgab, wich einem Feuer, einem Licht, das aus allem heraus zu leuchten schien. So erkannten wir in allem ungezählte Gesichter einer scheinbar nur einmal existierenden Realität.

Nur zu einem Wesen sagte er nichts – in welch verfremdeter Gestalt es auch erschien: Zeigte sich uns ein Pferd, dann sah ich nur ein regloses, in sich gekehrtes Gesicht, das schwieg. Voll feuriger Neugierde wagte ich dennoch nicht, nach ihnen zu fragen – nach den Pferden. Aber ich tat einen verzauberten Blick in eine Welt, die wohl nicht mehr existiert, nicht mehr zu existieren scheint.

»Ist sie für immer verloren, diese Welt?« fragte ich.

»Nein, ihr Geist ist unversehrt«, antwortete der Alte, »denn die Seelen sterben nicht. Sie leben: rein, mächtig und gewaltig! Und mit ihnen lebt mächtig und gewaltig ihr Symbol!«

7

Im ersten schwachen Licht des neuen Tages verschloß ein kleiner hagerer Mönch die schwere Klostertür hinter uns. In zwei engen Kammern fanden wir das Nötigste, die Müdigkeit einer durchwachten Nacht von uns zu waschen. Noch immer benommen und wie trunken, fühlte ich den kühlen, feuchten Morgen auf meiner Haut. Wir standen einen Augenblick schweigend, dann folgte ich dem alten Mann quer über den Platz. Wir gingen nach links, eine lange schmale Treppe hinab auf eine weite, mit hellen Steinen belegte Terrasse. Sie war umgeben von einem steinernen Geländer, an der breitesten Stelle führte eine kleine Treppe zu einer Art Empore. Ich folgte dem Alten dorthin. Wir setzten uns auf eine Bank. Es war noch dunkel – nur die frühen Spuren des heranbrechenden Tages zeigten uns undeutlich die ersten fernen Konturen einer Landschaft, deren Weite und Schönheit ich nur erahnen konnte. Der Alte hielt seine Augen jetzt geschlossen für eine lange Zeit. Einmal glaubte ich, er würde schlafen. Dann aber sagte er ruhig:

»Es ist der zweite Tag des Neumondes. Übermorgen

wird eine erste schmale silberne Sichel die Nacht ein wenig erhellen. Eine solch dunkle, mondlose Nacht könnte es gewesen sein, als sich vor bald zweitausend Jahren einige der großen Priester versammelten, um einem der schmerzlichsten Rituale beizuwohnen. Nicht wie sonst opferten sie das, was ihnen am heiligsten war – ein prächtiges weißes Pferd. In jener Nacht opferten sie sich selbst.«

Vor uns, da, wo zwei Bergkuppen sanft zu einem flachen Tal zusammenfließen, kam der Tag. Ich hatte mich auf den vorderen Teil der steinernen Bank geschoben und meine Hände wärmend in den Schoß gelegt, den Rücken leicht gekrümmt. Der Alte neben mir saß stolz und wie unberührt, der morgendlichen feuchten Kälte reglos trotzend. So richtete ich mich auf, hob meinen Kopf, um den Tag zu erwarten und die Vollendung seines Plans.

»Sie opferten sich selbst?« fragte ich, und ich sagte es so leise, als seien diese Worte gar nicht für den Alten bestimmt, sondern nur für mich und für die Schatten vor uns, für das feine Glitzern hier und dort, das über dem morgendlichen Tau lag.

Da sagte der Alte: »Die keltischen Priester waren von einer beispiellosen Liberalität, von einer bewundernswerten Freiheit des Denkens. Sie waren die Hüter der Toleranz, sie ließen jedem einzelnen seine Götter – und beinahe jede Familie, jede Sippe hatte die ihren. Sie lebten in ihren kleinen autarken Zellen, die von ihren persönlichen, täglichen Bedürfnissen geprägt waren. Nein – sie waren wahrlich keine Phantasten. Und doch geschah das Furchtbare in jener Nacht. Und es geschah unter dem Zeichen des Pferdes. Unter dem Zeichen des weißen Pferdes. Es begann der leidvolle Rückzug der

Druiden, der Untergang der keltischen Welt, der Welt unserer Väter.«

Und ohne meinen Worten zuvor einen Gedanken zu schenken, fragte ich: »Liebten sie das Leben oder den Tod?«

Der Alte schaute mich jetzt an mit einem weichen Lächeln auf seinem erschöpften Gesicht: »Weil sie den Tod nicht fürchteten, liebten sie das Leben. Das war es, was sie mit Begeisterung lehrten. Sie lehrten, ohne jemals Lehrer zu sein, denn jene, die sich Lehrer nennen, vermitteln sie nicht allzuoft nur starre Muster und Gesetze statt Wahrheiten! Sie aber lebten. Und wo das Leben ist, kann sich kein starres Muster halten. Denn Leben erzeugt immer größere Lebendigkeit, einen immer größeren Drang nach Leben. Es ist wie ein unbändiger Hunger, eine Sehnsucht, die sich im Entstehen erfüllt. Und da sie das Leben suchten, in allem um sich herum, lehrten sie nur das eine: Lebe, lebe! Um Himmels willen lebe!«

Lag auf den Hängen zuvor noch ein leichter Schleier kaum wahrnehmbaren Lichtes, so standen die fernen Berge jetzt pechschwarz mit scharf geschnittenen Konturen vor dem feuerrot glühenden Horizont. So nimmt das große Licht das kleine. Das, was ein wenig glimmt im dunklen Raum, wird unsichtbar, kommt erst der Sonnenschein.

Noch einmal vollzog der alte Mann mit seinen Worten jenen Weg, den ich zurückgelegt hatte, und er verwies dabei auf die feine Sinnhaftigkeit auch der winzigsten Kleinigkeit. Es war der Weg von der individuellen Auseinandersetzung mit dem Lebewesen Pferd als einem unvergleichlichen Medium im Dasein eines

Menschen hin zu dem Verständnis seiner Symbolhaftigkeit, hin zu seiner Bedeutung als Ursymbol unserer Kultur. Denn um dieses Geheimnis, so der Alte, um das Geheimnis des Ursymbols, des weißen Pferdes der Kelten, des Wappens der Templer, um diese Geheimnisse hüllten sich bis heute die undurchsichtigen Nebel der Unkenntnis, der Lüge und der Angst.

Darum sei er in der vergangenen Nacht schweigend vor den Bildern der Pferde gestanden, denn er habe nicht einstimmen wollen in das Lied der Verzagten, in das Winseln der einseitig Gelehrten, der Spezialisten. Sie würden zwar kluge Worte finden und sich immer wieder fragen, warum es denn wohl das Pferd sei, das eine so herausragende Rolle spielen würde, in allen Bildern, Mythen und Sagen unserer Kultur. Doch eine Antwort fänden sie nicht. Das Pferd symbolisiere Sonne und Mond, sagen sie. Sie sprechen von der mythischen Konfrontation des Pferdes mit dem Stier, doch was steht dahinter? Da sei der Kampf des Weiblichen gegen das Männliche, das Pferd als Symbol des Tragenden, des Wassers, das Pferd als Begleiter der toten Seelen. Da seien die Helden, die sich der göttlichen Rösser bemächtigen, um deren wundersame Eigenschaften zu den ihren zu machen. Da sei der gemeinsame Kampf von Mensch und Pferd gegen die bösen Mächte, gegen die feuerspeienden Drachen. Doch was symbolisieren die Drachen, was symbolisiert das Pferd, wer ist der Held? Warum siegen viele Helden nur mit ihrer Hilfe? Warum ist es immer ein Pferd? Warum ist es nicht ein Elefant oder ein Kamel – sind es nicht auch wunderbare Tiere, die sich der Mensch in den Reitdienst nimmt? Warum waren so viele Götter unserer Mythen und Sagen einst roßgestaltig? Wer antwortet auf all diese Fragen?

»Nimm die heiligen Roßopfer! In den unterschiedlichsten Gewändern gehörten sie einst zu den bedeutendsten Ritualen unseres Kulturraums. Sie sagen, das heiligste Opfertier war das Pferd, das weiße Pferd! Aber sagen sie auch warum?«

Nein! Wir bräuchten einen anderen Schlüssel, um eine Spur des wirklichen Geheimnisses zu erheischen. Warum werde in all diesen Fällen das Pferd genannt, was bei alledem stecke wirklich dahinter? Das, was damals geschah in jener mondlosen Nacht, das Grauenhafte, sei kein Einzelfall gewesen. Ähnlich rätselhaft wie der beinahe zeichenlose Niedergang der keltischen Priester, der Druiden, habe sich auch Jahrhunderte später das Verschwinden der Templer vollzogen, jener Mönchsgruppe, die den Pferden ähnlich zugewandt waren wie die Druiden.

Die Druiden hätten sich den Römern gegenüber, so der Alte, in merkwürdiger Weise verhalten und sich nur schlecht, schwach und in einigen Fällen überhaupt nicht verteidigt. Als die Templer, Hunderte von Jahren später, auf Anweisung der Kirche und des Königs Philipp verfolgt worden seien, da sei von der einst mächtigsten Gruppe dieser Zeit kaum Widerstand gekommen. Und der Orden der Templer sei zerschlagen worden, die Mitglieder hätten sich über ganz Europa verstreut, fanden Zuflucht von Portugal bis nach Schottland. Sei hier womöglich der unscheinbare Faden zu finden, der den Weg zeige durch das Labyrinth? Besteht hier ein Zusammenhang, wer waren sie, warum sind sie auf diese eigenartige Weise verschwunden?

Eine kurze Legende könne das veranschaulichen, was den Gelehrten heute noch immer wie ein unlösbares Rätsel erschiene:

Einst hat ein braunes Wundertier gegen den mächtigen, weißgehörnten Stier des Königs Ailill gekämpft und ihn besiegt. Der Braune stieß drei Siegesgebrülle aus, und sein Ruhm verbreitete sich durch das ganze Land. Was aber ließ ihn erst so ruhmreich werden? Natürlich nur die Kampfeskraft und die Macht des von ihm besiegten Gegners!

Die keltischen Priester, die Weisen, die Druiden, die Templer, sie alle fühlten sich im Besitz eines alten Wissens. Sie waren die Hüter der Pforten und die Wegweiser hinein in die andere Welt. Aber sie lebten im Zeichen des Mondes, des Wissens um die Gesetze vom Kommen und Gehen. Jenes fundamentale Gesetz, das der Mond des Nachts in seinem steten Wandel den Menschen so beispielhaft vor Augen führe, diesem Gesetz sei eben alles unterworfen, auch der Aufstieg und der Niedergang ganzer Kulturen. Jetzt war die Zeit der Düsternis, der Vernichtung, der Unterwerfung, die Zeit der Hetze, der Folter und der Scheiterhaufen gekommen. So seien die Weisen gegangen, denn der Lauf der Zeit begünstigte die Dunkelheit. Sie zogen es vor, sich lieber selbst zu vernichten, als gegen die Zeit zu kämpfen und geschlagen zu werden, um dadurch doch nur das andere, das Dunkle zu stärken, so wie der weißgehörnte Stier den Braunen! Doch sei dies kein Rückzug für alle Zeiten. Denn die Saat, der Geist lebt bis heute im Verborgenen, und wehten auch Orkane über ihn hinweg, eines Tages dringe er empor wie frisches junges Grün, um den Kampf fortzusetzen. Dies sei das Gesetz des Mondes. Es sei der Kampf der Helden gegen den Drachen, in welcher Gestalt dieser auch immer erscheinen möge. Drachen und Ungeheuer zeigten sich in der irdischen Welt in vielen Gewändern. Sie seien Meister des Verkleidens. Sie seien wie die Wölfe in den Pelzen der Schafe.

»Denn die Welt«, sagte jetzt der Alte nach einem feinen Zögern, »ist nicht so, wie sie ist, weil sie so sein muß. Die Welt ist so, wie sie ist, weil sie so gemacht wird. Aber was der eine tut, das kann ein anderer auch wieder verändern!«

So waren wir auf der Suche nach einer Wahrheit, die sich wie alle Wahrheiten in einem Symbol verbarg. Wir waren auf der Suche nach der Wahrheit der Pferde. Und jetzt stellte auch ich sie mir, die Frage der Gelehrten. Warum ist das Symbol des Pferdes so häufig in allen mythischen Darstellungen unserer Kultur? Weil dieses Symbol womöglich wie nichts anderes der sichtbaren Welt den Geist und das Sein unserer Vorfahren und ihres Glaubens zu verkörpern vermochte? Und der Alte machte eine lange Pause, bevor er sagte:

»Gott schuf den Menschen, damit er ihm diene. Gott schuf das Pferd, damit es sich mit ihm verbünde. Unmittelbar vor uns liegt jetzt die gewaltige Wahrheit, nach der wir, nach der du, nach der viele Menschen suchen. Vor uns liegt jetzt der Schlüssel, von dem ich sprach. Ich will ihn aufheben für dich, um ihn dir zu reichen.«

Und nach einer Pause fuhr er fort:

»Was du gesucht hast bei den Pferden und gefunden, das waren die ersten Wegweiser zur anderen Welt. Ihren Ausdruck finden wir in den Symbolen, in den Bildern. Wodurch aber werden die eine Welt und die andere Welt zusammengehalten? Dieses feine Nadelöhr, jener Durchgang, er ist von dem zartesten und feinsten Stoff, den man sich nur denken kann. Wie schnell ist er zerstört – trennt sich das eine von dem anderen, die Welt der Menschen von der der Götter. Wenn das eine fließt, sich wandelt im fortgesetzten göttlichen Schöpfen, im Kommen und Gehen, wenn das eine also in Bewegung ist, so wie der Mond, und das andere dem nicht folgt – was wird dann geschehen?«

»Die Welten trennen sich, die Verbindung reißt entzwei«, sagte ich leise.

»Und wenn sich die Welt der Götter von der der Menschen trennt, was bleibt dann zurück?«

»Die bloße Realität des Sichtbaren, alle materiellen Erscheinungen«, sagte ich leise.

» Nun halten wir den Schlüssel in der Hand. Wenn die eine Welt sich nicht in ihrem Wandel, in ihrem Sein der schöpferischen Bewegung angleicht, dann zerreißt das feine Band, das sie zusammenhält, und die Dinge und die Menschen erstarren. Himmel und Erde sind getrennt. Auf der Erde herrschen Vernichtung und Gewalt. Denn das von göttlichem Odem beseelte warme Leben ist verdrängt, denn Leben ist unaufhörliche Schöpfung, ist Bewegung!

Leben ist Bewegung, denn wo die Welt erstarrt, herrscht nur der Tod. Die andere Welt ist Bewegung, denn das Göttliche ist fortgesetztes Schöpfen. Der Geist bleibt wach, wenn er wächst, wenn er sich entwickelt, wenn er sich regt und bewegt. Das Gefühl ist dann echt, wenn es mit der Seele schwingt, wenn es sich und andere bewegt. Stärke und Kraft ist in den Menschen, wenn sie Körper, Sinne und Geist bewegen. Der Friede ist dort sicher, wo man sich ohne Unterbrechung rastlos um ihn bemüht, denn Frieden ist nichts Erstarrtes, Frieden ist Bewegung. Liebe herrscht nur dann auf der Welt, wenn sich alles das vereint: das Leben, das Göttliche, die Weisheit, die Kraft, das Gefühl und der

Friede. Wenn aber alles das Bewegung ist, dann ist auch die Liebe Bewegung. Und wenn Liebe Bewegung ist, dann ist auch Gott Bewegung.«

Und er schaute mich an, und die Erschöpfung schien gewichen aus dem friedlichen, alten Gesicht, und er fragte mich:

»Welches Wesen von allen würdest du erwählen, in dem sich das Symbol dieser göttlichen Bewegung mit Stärke und Kraft, Demut und Reinheit, Geistigkeit und edelster Schönheit auf das Wunderbarste vereint?«

»Ich wählte das Pferd«, sagte ich leise.

8

Jetzt stand der Alte auf, und die Sonne stand genau über uns, in ihrem höchsten Punkt, als er sagte: »In deiner Sprache ist die Sonne weiblich, ihr sagt ›die Sonne‹, denn eure Sprache ist eine von denen, deren Wurzeln sehr tief reichen. Für unsere Vorfahren war die Sonne weiblich, ebenso wie die Kraft des Göttlichen. Und in ihren Überlieferungen heißt es, daß die Menschen aus einem fernen Land gekommen seien, geboren und geschaffen aus dem Weiblichen, unter dem Zeichen des Lichtes, unter dem Zeichen der Sonne. Und mit ihnen stieg das Göttliche herab, und es vereinigten sich in einem Wesen die drei Attribute des Göttlichen!

Es vereinigte sich das Gebärende, das Zeugende, also das Weibliche mit dem Geist unaufhörlicher, schöpfender Bewegung, mit der Kraft und dem Licht der Sonne, und so stieg das Göttliche zu uns herab in der Gestalt einer reinen weißen Stute. Es war die Urgöttin der Kelten, Epona.

So ist das Bild des Pferdes das Ursymbol eines freien Daseins, das seine ganze Kraft aus dem immerwährenden, strahlenden, göttlichen Fluß des Schöpfens erfährt. Und hier liegt die Antwort auf die Fragen der Gelehrten und auch auf deine. Denn das weiße Pferd war das Symbol dieser freien Menschen!

Das weiße Pferd war das Symbol der Ur-Christen, denn ihnen zufolge ritt Christus nicht auf einem Esel, sondern auf einem weißen Pferd.

Es war das Symbol der Gralsucher, denn Parceval ist der ›Pferdekönig‹. Mit der Kraft der Pferde siegten die Helden, denn sie waren das Symbol des Göttlichen. Mit den Attributen des Göttlichen an ihrer Seite vermochten sie die Drachen zu töten – das Böse, Dunkle, das allein zur Materie erstarrte, seelenlose Sein. Das Pferd ist das Symbol des Tragenden, das Symbol des Wassers, das Symbol der allesgebärenden, göttlichen Ursubstanz!

Und wenn du dich den Pferden in ihrem Sinne nähern willst, dann mußt du die drei Zentren deines Wesens in dir vereinigen.

Die Kraft alles Lebendigen!

Die Liebe als die Königin aller Emotionen!

Die Weisheit als die Frucht deines Geistes!

Darum auch schlugen sie es über hundert Meter groß in die Felsen, denn:

Es ist nicht irgendein Pferd!

Es ist nicht irgendein weißes Pferd!

Es ist das Bild der Urgötter, das Wahrzeichen eines freien, beweglichen, sich mit der Schöpfung stets wandelnden, sich erneuernden flexiblen Seins!

Dieses Zeichen strahlt in die Welt als Zeichen des Widerstandes, des Neubeginns!

Es ist das Symbol des Weiblichen gegen ihre unwürdige, brutale Unterjochung!

Es ist das Symbol eines Kampfes gegen die Besetzung durch die Jahrtausende, des Widerstandes gegen die gewaltsame Vernichtung unserer Kultur!«
Und er schaute mich fordernd an, als er sagte: »Nur aus der Bewegung folgt die Tat, und nur aus der Tat folgt die Freiheit! Folge dem Symbol des weißen Pferdes – denn es ist das Symbol unseres wahren Seins, und es ist seit zweitausend Jahren das Symbol der Befreiung!«

9

Mit der untergehenden Sonne erreichten wir das Haus des alten Mönches. Ich schaute hinunter ins Tal und hörte, wie mein Pferd langsam – Augenblick für Augenblick – das Alfalfa zwischen den Zähnen zermalmte. Und so oft ich auch hinunterschaute, immer wieder zeigte sich mir das Bild in veränderten Farben und Formen, und manchmal schien es mir, als würde ich heute diesen Teil der Erde zum ersten Mal sehen.

Die Sonne war verdeckt von einem tief am Horizont liegenden Wolkenband, und das Wasser schimmerte in einem tiefen, geheimnisvollen Blau. Zwischen den silbrigweißen Nebelschwaden ragten die Felsen heraus, die das Ufer des Sees säumten. Da, wo sie am höchsten waren, da wurden sie von dem Sonnenlicht berührt, das noch so eben über die Wolken hinweg huschte. Und so leuchteten sie wie rote Tupfer in einem Meer aus Weiß und Blau.

Ihr Sein war ohne Konsequenzen, dachte ich. Darum liegt es so tief im Verborgenen für uns, die wir heute leben. Sie bauten sich keine Denkmäler. Sie formten sich ihre Seelen, nicht Monumente und Steine. Kaum ein Zeugnis der sichtbaren Welt kündet davon. Es blieb nur die Bescheidenheit und das Nichts der kleinen Reise des Lebens. Auf der Erde blieb nur der jungfräuliche Boden für die, die geboren wurden.

So wuchs in mir die Erkenntnis, die mir an diesem Abend zur Sicherheit wurde. Die Erkenntnis, daß dieses Symbol – das Wesen der Pferde – für uns ein sichtbares, lebendes Symbol aus jener Welt ist, in der alles bleibt, weil von Anbeginn an nichts wirklich zu existieren scheint.

Und ich fühlte ein warmes Strömen, das im Innern meiner Kehle zu entspringen schien, um dann von hier aus meinen ganzen Körper zu durchfluten. Es war etwas, dem ich ganz und gar vertrauen konnte, das jede Angst zu umschlingen, zu verzehren schien. Es war von warmer, schöner Art, etwas, das sich von innen meiner Haut näherte, um sie dann zu durchströmen, nach außen zu dringen, um sich zu verbinden mit dem, was ihm ähnlich war.

Es war ein Sein, das nicht lauthals lacht, das nicht alle Sinne berauscht. Nein, es war jenes warme Sein, das einem Menschen ein wenig die Augen funkeln und das Antlitz freundlich scheinen läßt.

Die Tage, die folgten, verbrachten wir gemeinsam mit unseren Pferden, und gelegentlich gab mir der Alte ein kleines Zeichen, eine kaum wahrnehmbare Aufforderung, ihm bei seiner Arbeit zuzuschauen. Ich war viele Stunden des Tages mit meinem Pferd zusammen – und ich ahnte nur um alles das, was es noch zu lernen und zu erfahren gab. Jetzt erst war ich wirklich ein Schüler geworden. Ein Schüler des Alten, ein Schüler meines Pferdes und ein Schüler des Lebens.

Um so mehr traf mich jetzt die Schwäche, die sich des öfteren bei dem alten Valenciano einstellte. Mit großer Sorge bemerkte ich, wie der Schweiß dem Pferd entronn, schon dann, wenn sonst noch die ganze Frische des Tages in ihm steckte. Mich sorgten die kurzen Pausen, die sein Atem machte, das Beben der Flanken, das dann genauso plötzlich wieder aussetzte, wie es begann, die Müdigkeit in seinen Augen, die jetzt immer häufiger das Feuer des Lebens zu überdecken schien, der unsichere Gang gelegentlich und die trockenen und spröden Lippen.

Wieder fragte ich den Alten um seinen Rat, darauf gefaßt, die Ursache in meinem, mir bis jetzt noch unbekannten Verhalten zu suchen.

»Nein«, sagte der Alte, »das bist nicht du, das ist die Zeit, das sind die Jahre, das eben ist das Kommen und das Gehen.«

Und als ich wie an jedem Morgen zu dem alten Hirtenhaus kam, sah ich seinen Kopf nicht, der sonst immer herausschaute und mich begrüßte. Ich wußte gleich Bescheid. Mein Schritt wurde schleppend, das Blut schlug mir in den Adern. Langsam öffnete ich die Tür. Da lag er, einfach so. Vorsichtig berührte ich seinen Hals. Er war noch ganz warm.

Was für ein Leben, was für ein Leiden, dachte ich. Vali – was alles hast du mich gelehrt. Es hat seinen Sinn in dieser Welt, es hat seinen Sinn. Du hast nicht vergebens gelebt und gelitten. Ich will es weitergeben, und so es sein soll, wird es helfen – manchen Menschen und manchem Pferd.

Lange verharrte ich so mit meiner Hand auf seinem

Hals, bis sich endlich die Tränen lösten. Und alle Trauer und alle Dankbarkeit dieser Welt strömten in mich.

Die Sonne des Mittags erhob sich über der Stalltür und legte einen matten Glanz über das Fell des toten Tieres.

»Es hatte seinen Sinn«, sagte ich leise, »Vali – bestimmt, es hatte seinen Sinn.«

Ich dachte an all die Ungerechtigkeiten, die auch ich ihm hatte zuteil werden lassen, meine Wut, meinen Zorn, meinen Haß für jenes Wesen, das doch nur eines wollte – leben und verstanden werden.

Weiter unten im Tal, wo der Boden weich war, schaufelten wir ein großes Loch. Vorsichtig schleppten wir ihn den steinigen Hang hinunter und begruben ihn.

Tage verbrachte ich hier an dieser Stelle – ich dachte an alles das, was ich erfahren hatte – wie es begann – an Vali und an den Alten – und ich begriff, was zuvor so unendlich weit entfernt schien.

Ich dachte an Paloma, an das kleine Dorf, an den See und an die wilden Pferde.

Ich stampfte einen einfachen Rhythmus mit den Schuhen in den Sand – und sang ein Lied dazu, wie es wohl die Indianer singen mögen oder andere Völker. Es war ein gleichbleibendes Kommen und Gehen der Melodie, die sich immer weiter zu verbinden schien mit mir und den Bergen und dem kleinen Hügel vor mir.

Ich hatte alle Zeit dieser Welt – es war nichts da – und es war alles da.

Mit dem Tod meines Pferdes wurde mir auch etwas anderes klar – es war nun endgültig Zeit, Abschied zu nehmen. Seit diesem Tage, seit dem Tage des Todes meines Pferdes, war nichts mehr, wie es war. Wir brauchten nicht darüber zu sprechen.

Wie der kleine Vogel, der sein Nest verläßt nach einigen unsicheren Runden, so war auch unsere gemeinsame Zeit nun endgültig abgelaufen. Ich begann, mich langsam in Gedanken von dem alten Mann, den Häusern hier und den Bergen zu verabschieden. All die Wege, die ich ging, ich ging sie noch einmal. Ich bedankte mich für alles das, was ich erleben und erfahren durfte. Es war Zeit, ein Ende zu setzen, und doch war es nichts weiter als ein großer, neuer Beginn.

Es kam der Tag, da verabschiedete ich mich von dem Alten. Er fragte nichts. Er sagte nichts. Ich nahm mein weniges Hab und Gut und zog zu Fuß die Straße entlang bis hinab ins Dorf. Vorbei an dem kleinen Hügel im Tal.

10

Ich habe den alten Mönch bis zum heutigen Tag nicht wiedergesehen. Ich habe nichts von ihm gehört. Wir haben uns nicht geschrieben.

Von all dem, was er mich zu lehren bemühte, habe ich wohl nur einen winzig kleinen Teil bislang leben können – in der Welt der Menschen und in der Welt der Pferde. Doch immer, wenn es mir gelang, ein kleines Stückchen voranzuschreiten, bemerkte ich bei mir:

Er hatte recht, der Alte.

Und so bin ich bis heute auf der Suche nach mir selber, auf der Suche nach den Ursprüngen meiner Welt und auf der Suche nach der Wahrheit, nach der Wahrheit jener Wesen, die mich nie wieder loslassen werden. Und wenn ich auch manchmal das Gefühl habe, es ist mehr ein Finden in einem Leben, das ich als das glücklichste für mich denken kann, dann ist doch mein Trachten immer darauf gerichtet, sie zu vernehmen, um in ihr Rat, Trost und Wärme zu finden:

In ihrer Botschaft, in der Botschaft der Pferde, in der Botschaft der Schweigsamen.

———

Die Alten schweigen auf immer –
ja, sie schweigen so lange,
bis niemand mehr sie überhören kann.
Jene, die die Wahrheit in sich trugen.
Aber es gibt viele,
die die Wahrheit fühlen –
heute.
Warum schweigen die?

Der Mönch

Erlebnis Pferde

Dominanz ohne Strafen, Versammlung ohne Zügeldruck – nur scheinbar Gegensätze, wie Klaus Ferdinand Hempflings Bestseller zeigt. Die natürlichen Gesetze wildlebender Pferde werden integriert in ein Ausbildungssystem, dessen Ziel es ist, Vertrauen, Harmonie und Dominanz durch Körpersprache und pferdegerechte Kommunikation zu erreichen.

204 S., 522 Abb.
ISBN 3-440-06564-2

Klaus Ferdinand Hempfling zeigt in diesem Video die ideale Verständigung zwischen Pferd und Reiter. Seine Körpersprache beginnt beim Miteinander-Spielen und führt über ein einzigartiges Körper- und Bodentraining bis hin zum Reiten des ungezäumten Pferdes. Die ideale Ergänzung zum Buch!

VHS-Video, ca. 50 Min.
ISBN 3-440-07287-8

kosmos

Bücher • Videos • CDs • Kalender

zu den Themen: Natur, Garten- und Zimmerpflanzen, Astronomie, Heimtiere, Pferde, Kinder- und Jugendbücher, Eisenbahn/Nutzfahrzeuge

GOLDMANN

Vitus B. Dröscher

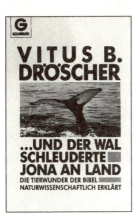

... und der Wal schleuderte Jona
an Land   11673

Sie turteln wie die Tauben

                           11670

Die Welt, in der die Tiere leben
                           12671

Tierisch erfolgreich

                           12697

Goldmann • Der Taschenbuch-Verlag

GOLDMANN

Torey L. Hayden

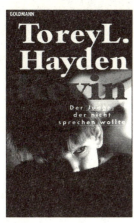

Torey L. Hayden,
Kevin 12715

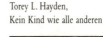

Torey L. Hayden,
Kein Kind wie alle anderen 12706

Torey L. Hayden,
Jadie 12480

Torey L. Hayden,
Meine Zeit mit Sheila 12750

Goldmann • Der Taschenbuch-Verlag

GOLDMANN

Das Gesamtverzeichnis aller lieferbaren Titel erhalten Sie im Buchhandel oder direkt beim Verlag.

Taschenbuch-Bestseller zu Taschenbuchpreisen
– Monat für Monat interessante und fesselnde Titel –

✳

Literatur deutschsprachiger und internationaler Autoren

✳

Unterhaltung, Thriller, Historische Romane
und Anthologien

✳

Aktuelle Sachbücher, Ratgeber, Handbücher
und Nachschlagewerke

✳

Esoterik, Persönliches Wachstum und
Ganzheitliches Heilen

✳

Krimis, Science-Fiction und Fantasy-Literatur

✳

Klassiker mit Anmerkungen, Autoreneditionen
und Werkausgaben

✳

Kalender, Kriminalhörspielkassetten und
Popbiographien

Die ganze Welt des Taschenbuchs

Goldmann Verlag · Neumarkter Str. 18 · 81673 München

Bitte senden Sie mir das neue kostenlose Gesamtverzeichnis

Name: _____

Straße: _____

PLZ / Ort: _____